Der Deutsche Schäferhund

Alfred Hacker

DER DEUTSCHE SCHÄFERHUND

AUFZUCHT UND AUSBILDUNG

FALKEN
TaschenBuch

Im FALKEN Verlag sind zahlreiche Titel zum Thema Tiere erschienen.
Bitte fragen Sie in Ihrer Buchhandlung.

Dieses Buch wurde auf chlorfrei
gebleichtem und säurefreiem Papier gedruckt.

Die Deutsche Bibliothek – CIP-Einheitsaufnahme

Hacker, Alfred:
Der Deutsche Schäferhund : Aufzucht und Ausbildung / Alfred
Hacker. [Fotos: E. Eckert]. – Orig.-Ausg. – Niedernhausen/Ts. :
FALKEN TaschenBuch, 1997
ISBN 3-635-60114-4

Originalausgabe
ISBN 3 635 60114 4

Umschlaggestaltung: Zembsch' Werkstatt, München
Redaktion dieser Ausgabe: Christiane Rückel
Herstellung: Bettina Christ
Titelbild: Reinhard-Tierfoto, Heiligkreuzsteinach-Eiterbach
Fotos: E. Eckert
Satz und Druck: Neuwieder Verlagsgesellschaft mbH, Neuwied

817 2635 4453 6271

Inhalt

Vorwort

Der vorliegende Band ist in der Originalfassung vor fast zwei Jahrzehnten erschienen.
Grundlegende Festschreibungen haben noch Bestand, aber auf dem Gebiet der Hundehaltung und Ausbildung hat man im Laufe der Jahre andere Erkenntnisse gewonnen, erfolgversprechende Erfahrungen gesammelt und ist auf Grund dessen entscheidende neue Wege gegangen.
Ich habe meine 30jährige Erfahrung im Umgang mit dem Deutschen Schäferhund nach bestem Wissen in die Neubearbeitung eingebracht. Mein Dank gilt dem von mir sehr geschätzten Tierarzt Dr. Siegfried Kaiser aus Werl, der mir geholfen hat, den in sein Wissensgebiet fallenden Bereich zu überarbeiten.
Ich wünsche allen Freunden der Rasse viel Freude an unserem gemeinsamen Hobby: dem Deutschen Schäferhund.

Marianne Schmidt

Der Verlag dankt dem Verein für Deutsche Schäferhunde (SV) für die Erlaubnis, den Rassestandard sowie die Zucht- und Prüfungsordnung auszugsweise abzudrucken.

Die Abstammung des Hundes

Der Hund, als dessen Urahn der Wolf angesehen wird, gilt als das älteste Haustier des Menschen. Seine Domestikation reicht bis in die Bronzezeit zurück. Wissenschaftler haben durch Funde bewiesen, daß bereits in diesem Zeitalter eine Mensch-Hund-Beziehung bestanden haben muß. Man geht davon aus, daß dieser sogenannte »Bronzehund« als Ahnherr des Deutschen Schäferhundes angesehen werden kann.

Es gibt allerdings nur Vermutungen, wie der Anschluß des Wildhundes an den Menschen vonstatten gegangen ist. Wahrscheinlich folgten die Tiere den Jägern und umkreisten deren Lagerstätten, da sie gelernt hatten, sich dort von Essensresten zu ernähren.

Vielleicht wurden die ungebetenen Gäste anfangs verjagt, später jedoch geduldet. Auf gemeinsamen Streifzügen wurden die Menschen wohl auf die ausgeprägten Sinnesorgane der Tiere aufmerksam und versuchten, sie für ihre Dienste nutzbar zu machen. So waren die Hunde zum Beispiel viel eher als die Menschen in der Lage, Beutetiere auszumachen und wurden so zum Jagdgefährten der Menschen.

Es ist anzunehmen, daß damals bereits mutterlose Welpen in der menschlichen Gemeinschaft aufgezogen wurden. Dadurch kam eine besonders starke Bindung zustande, und der Mensch fand bereits als Rudelführer Anerkennung.

Es gibt auf jeden Fall verschiedene Anhaltspunkte, wie sich die Beziehung des Hundes zum Menschen aufgebaut haben könnte.

Entstehung der Rasse und Gründung des Vereins für Deutsche Schäferhunde

Etwa Anfang des 19. Jahrhunderts wurde mit einer planmäßigen Hundezucht begonnen. Als die Entwicklung fortgeschritten und ein gewisser Hundestamm vorhanden war, wurden bereits Ausstellungen durchgeführt.

In Deutschland waren die Hütehunde zu finden, die vom äußeren Erscheinungsbild her noch recht unterschiedlich waren, jedoch einheitlich, was die Veranlagung und die Wesensmerkmale anbelangte.

Mit dem Gedanken, diesen leistungsstarken Herdengebrauchshund planmäßig zu züchten, gründete Max v. Stephanitz im Jahre 1899 den »Verein für Deutsche Schäferhunde« (SV). Unter dem Vorsitz dieses hervorragenden Kynologen entwickelte sich der Verein zur größten und erfolgreichsten Züchterorganisation der Welt.

Der Rüde »Horand v. Grafrath« wurde der Stammvater unserer Deutschen Schäferhunde und als Nummer eins in das Zuchtbuch eingetragen.

Das zielstrebige Bemühen, einen robusten, gut veranlagten Gebrauchshund mit besten Wesenseigenschaften zu züchten, wurde von Erfolg gekrönt. Inzwischen hat der Deutsche Schäferhund, wie keine andere Rasse, Ansehen in der ganzen Welt erlangt und gilt als **der** Gebrauchshund schlechthin. Seine Einsatzmöglichkeiten sind vielfältig, und er ist als Wächter-, Blinden-, Rettungs- und Sporthund sowie als »Kollege« bei den diensthundhaltenden Behörden nicht mehr wegzudenken.

Unberechenbarkeit und Bösartigkeit liegen nicht in den Erbanlagen dieser Rasse begründet. Diese Eigenschaften resultieren fast ausschließlich aus nicht artgerechter Haltung und falscher Behandlung, was in der Unkenntnis der Psyche des Hundes begründet liegt.

Die Rassekennzeichen

(Amtliche Festsetzungen des SV)

Der Deutsche Schäferhund

Nach den amtlichen Festsetzungen des Vereins für Deutsche Schäferhunde, Sitz Augsburg e.V. im Verband für das Deutsche Hundewesen – VDH – , der als Gründerverein der Rasse für den Rassestandard des Deutschen Schäferhundes verantwortlich zeichnet, aufgestellt in der ersten Mitgliederversammlung zu Frankfurt/M. am 20. September 1899, nach den Vorschlägen von A. Meyer und von Stephanitz, nebst den Ergänzungen der VI. Mitgliederversammlung am 28. Juli 1901, der XXIII. Mitgliederversammlung zu Köln/Rhein am 17. September 1909, der Vorstandschafts- und Beiratssitzung zu Wiesbaden am 5. September 1930 und Zuchtausschuß- und Vorstandssitzung am 25. März 1961, im Rahmen der Welt-Union der Vereine für Deutsche Schäferhunde – WUSV –, überarbeitet und bei der WUSV-Tagung am 30. August 1976 beschlossen.

Der Deutsche Schäferhund, mit dessen planmäßiger Züchtung im Jahre 1899 nach Gründung des Vereins begonnen wurde, ist nach den mitteldeutschen und süddeutschen Schlägen der damals vorhanden gewesenen Hütehunde herausgezüchtet worden mit dem Endziel, einen zu hohen Leistungen veranlagten Gebrauchshund zu schaffen. Um dieses Ziel zu erreichen, wurde der Rassestandard des Deutschen Schäferhundes festgelegt, der sich sowohl auf die körperliche Beschaffenheit wie auch auf die Wesens- und Charaktereigenschaften bezieht.

Allgemeine Erscheinung

Der Deutsche Schäferhund ist mittelgroß. Die Widerristhöhe ist mit Standardmaß als Höhe des Knochengerüstes bei angedrücktem Haar zu messen, und zwar an einer den Ellbogen des Hundes berührenden Senkrechten vom Widerrist zum Erdboden. Die ideale Widerristhöhe ist 62,5 cm für Rüden und 57,5 cm für Hündinnen. Ein Abweichen von 2,5 cm nach oben oder unten ist erlaubt. Überschreitungen nach oben wie ein Zurückbleiben unter dem Mindestmaß mindern den Gebrauchs- und Zuchtwert.

Der Deutsche Schäferhund ist leicht langgestreckt, kräftig und gut bemuskelt. Seine Knochen sind trocken und das Gefüge ist fest. Das Verhältnis von Höhe zur Länge und die Stellung und Lagerung der Gliedmaßen (Winke-

lung) sind so aufeinander abgestimmt, daß ein weit raumgreifendes, ausdauerndes Traben gewährleistet ist. Er verfügt über ein wetterfestes Haarkleid.
Eine gefällige Erscheinung ist anzustreben, doch darf die Gebrauchstüchtigkeit des Hundes dadurch nicht in Frage gestellt werden.
Das Geschlechtsgepräge muß ausgeprägt, d. h. also, die Männlichkeit des Rüden und die Weiblichkeit der Hündin muß unverkennbar sein.
Der dem Rassebild entsprechende Deutsche Schäferhund vermittelt dem Beschauer ein Bild urwüchsiger Kraft, Intelligenz und Wendigkeit, bei dem in wohlproportionierter Abgewogenheit nirgends zu viel und nirgends zu wenig ist. Die Art, wie er sich bewegt und benimmt, muß unschwer erkennen lassen, daß in einem gesunden Körper ein gesunder Geist wohnt und somit die körperlichen und geistigen Voraussetzungen geschaffen sind, die es ihm ermöglichen, bei größter Ausdauer jederzeit als Gebrauchshund einsatzbereit zu sein.
Nur dem geübten Fachmann ist es möglich, das Vorhandensein der für Deutsche Schäferhunde erforderlichen Gebrauchseigenschaften festzustellen. Deshalb sollten nur Spezialrichter herangezogen werden, denen obliegt, die ihnen vorgestellten Hunde auf ihr Wesen einschließlich Schußgleichgültigkeit zu überprüfen, wie sie auch nur solchen Deutschen Schäferhunden die Zuchtbewertung vorzüglich zuerkennen dürfen, die ein anerkanntes Ausbildungskennzeichen führen.
Bei überschäumendem Temperament muß er führig sein, sich jeder Situation anpassen und die ihm zugedachten Arbeiten willig und mit Freude ausführen. Er muß Mut und Härte zeigen, wenn es gilt, seinen Führer oder dessen Hab und Gut zu verteidigen. Er muß auch freudig angreifen, wenn sein Führer dies wünscht, muß aber ansonsten ein wohl aufmerksamer, jedoch ein gehorsamer und angenehmer Hausgenosse sein, fromm zu seiner vertrauten Umgebung, vor allem zu Kindern und anderen Tieren und unbefangen im Verkehr mit Menschen. Alles in allem ein harmonisches Bild natürlichen Adels und Achtung einflößender Selbstsicherheit.

Winkelung und Gangwerk

Der Deutsche Schäferhund ist ein Traber. Sein Gangwerk läuft somit in diagonaler Fußfolge ab, d. h. er setzt immer in entgegengesetzter Richtung zum Hinterlauf auch den Vorderlauf auf. Seine Gliedmaßen müssen deshalb so aufeinander abgestimmt sein, d. h. gewinkelt sein, daß er ohne wesentliche Veränderung der Rückenlinie seine Hinterläufe bis zur Mitte des Körpers vorschieben und mit der Vorhand genau so weit ausgreifen kann. Jede Neigung zur Überwinkelung der Hinterhand mindert die Festigkeit und Ausdauer. Beim richtigen Verhältnis von Höhe zur Länge und entsprechender Laufknochenlänge ergibt sich ein raumgewinnendes Gangwerk, das flach über den Boden ablaufend, den Eindruck müheloser Vorwärtsbewegung vermittelt. Bei einem nach vorn geschobenen Kopf sowie leicht angehobener Rute ergibt sich bei einem gleichmäßigen und ruhigen Traber eine von den Ohrenspitzen über den Nacken und Rücken bis zum Rutenende verlaufende, weichgeschwungene gerade Rückenlinie.

Wesensart, Charaktereigenschaften und Veranlagung

Nervenfestigkeit, Aufmerksamkeit, Unbefangenheit, Führigkeit, Wachsamkeit, Treue und Unbestechlichkeit, sowie Mut, Kampftrieb und Härte sind die hervorstechendsten Eigenschaften eines reingezüchteten Deutschen Schäferhundes. Sie machen ihn in vorzüglicher Weise zum Gebrauchshund im allgemeinen, insbesondere zum Wach-, Begleithund, Schutz- und Hütehund geeignet.
Seine Riechfähigkeit, verbunden mit dem Trabergebäude, das ihm ermöglicht, ohne körperliche Anstrengung die Nase dicht über dem Boden führend, ruhig und sicher Fährten auszuarbeiten, macht ihn im hohen Maße geeignet, als Fährten- und Suchhund zu den verschiedensten Zwecken eingesetzt zu werden.

Kopf

Der Körpergröße entsprechend (Länge ca. 40% der Widerristhöhe) ohne plump, zu fein oder überstreckt zu sein. In der Gesamterscheinung trokken, zwischen den Ohren mäßig breit.
Stirn von vorn und von der Seite gesehen nur wenig gewölbt, ohne oder nur mit schwach angedeuteter Mittelfurche.
Backen: Verlauf seitlich in ganz sanfter Rundung und ohne hervorzustehen nach vorn.
Der **Oberkopf** (etwa 50% der gesamten Kopflänge lang) geht von oben gesehen von den Ohren zur Nasenkuppe sich allmählich gleichmäßig verjüngend, mit schräg verlaufendem, nicht scharf ausgeprägtem Stirnabsatz in den, ebenfalls von oben gesehen, keilförmig verlaufenden langen und trockenen Schnauzteil (Oberkiefer und Unterkiefer, der kräftig entwickelt sein muß) über.
Die Oberkopfbreite soll in etwa der Oberkopflänge entsprechen, wobei bei Rüden ein leichtes Überschreiten und bei Hündinnen ein leichtes Unterschreiten nicht beanstandet wird.
Der **Fang** ist kräftig, die **Lippen** sind straff, trocken und gut anschließend.
Der gerade **Nasenrücken** verläuft nahezu gleich mit der Verlängerungslinie der Stirn.

Gebiß

Muß gesund, kräftig und vollständig (42 Zähne, 20 im Ober- und 22 im Unterkiefer) sein. Der Deutsche Schäferhund hat ein Scherengebiß, d. h., die Schneidezähne müssen scherenartig ineinandergreifen, wobei die Schneidezähne des Unterkiefers die Schneidezähne des Oberkiefers schneiden.
Auf-, Unter- und Überbeißen ist fehlerhaft, auch größere Zwischenräume zwischen den Zähnen. Fehlerhaft ist auch gerades Gebiß, Schneidezähne schließen sich in gerader Linie.
Die Kiefer müssen kräftig entwickelt sein, damit die Zähne tief in die Zahnleiste eingebettet sein können.

Ohren

Mittelgroß, am Grund breit, hoch angesetzt, sie werden stehend (gleichgerichtet und nicht einwärts gezogen) getragen und sind spitz auslaufend mit der Muschel nach vorn gestellt. **Kippohr, kupierte Ohren** und **Hängeohren** sind zu verwerfen. Einwärts gezogene Ohren beeinträchtigen das Rassebild erheblich. Welpen und Junghunde lassen während des Zahnwechsels mitunter bis zum 6. Monat, zuweilen noch etwas länger, die Ohren hängen oder ziehen sie einwärts.
In der Bewegung und in liegender Ruhestellung legen viele Hunde die Ohren an. Dies ist nicht fehlerhaft.

Augen

Mittelgroß, mandelförmig, etwas schräg liegend und nicht vortretend. Farbe der Fellfärbung des Hundes angepaßt, möglichst dunkel. Sie zeigen lebhaften, verständigen, selbstsicheren Ausdruck.

Hals

Kräftig, mit gut entwickelten Muskeln ohne lose Kehlhaut (Wamme).
Er wird in einem Winkel von ca. 45° zur Horizontalen getragen, richtet sich in der Erregung stärker auf und senkt sich beim Traben.

Rumpf

Die Rumpflänge soll das Maß der Widerristhöhe übertreffen. Sie soll etwa 110 bis 117% der Widerristhöhe betragen. In der Gesamtlänge kurze, quadratische, hochläufige Hunde sind unerwünscht.
Brust tief (ca. 45–48% der Widerristhöhe) aber nicht zu breit. Unterbrust möglichst lang und ausgeprägt.
Rippen wohlgeformt und lang, weder tonnenförmig noch zu flach und bis zum Brustbein herabreichend, das bis zu den Ellbogen reicht. Ein richtig geformter Brustkorb gestattet den Ellbogen freie Bewegung, wenn der Hund trabt. Ein zu runder Brustkorb verursacht Störungen und ein Ausdrehen der Ellbogen. Ein zu flacher

Brustkorb verursacht eingezogene Ellbogen, der Brustkorb reicht ziemlich weit nach hinten, so daß die Lenden verhältnismäßig kurz sind.
Bauch mäßig aufgezogen.
Rücken einschließlich Lende gerade und kräftig entwickelt. Zwischen Widerrist und Kruppe nicht zu lang.
Der Widerrist muß lang und hoch genug sein, gut angedeutet dem Rücken gegenüber, zu dem er sanft übergehen muß, ohne die Rückenlinie zu unterbrechen, von vorn nach hinten leicht abfallend.
Lenden breit, kräftig und gut bemuskelt.
Kruppe lang und leicht abfallend (ca. 23°). Darm- und Kreuzbein bilden die knöcherne Grundlage. Kurz abfallende oder gerade Kruppe unerwünscht.

Rute

Buschig behaart, sie reicht mindestens bis zum Sprunggelenk und darf nicht über die Mitte des Hintermittelfußes hinausragen. Sie bildet am Ende, wenn auch unerwünscht, bisweilen einen seitlich abgebogenen Haken. In der Ruhe in sanftem Bogen herabhängend getragen, wird sie in der Erregung und Bewegung stärker gebogen und gehoben. Doch soll die Hebung nicht über die Vertikale hinausgehen. Die Rute darf daher auch nicht gerade oder geringelt über den Rücken gelegt werden.
Künstlich gestutzte Ruten sind unzulässig.

Vordergliedmaßen

Schulterblatt lang, schräg gestellt (Neigung ca. 45°) und flach anliegend. Der Oberarm schließt sich in etwa rechtem Winkel an. Er muß, wie die Schulter, kräftig und gut bemuskelt sein.
Unterarm von allen Seiten gesehen, gerade. Die Knochen des Ober- und Unterarmes sind mehr oval als rund.
Fesseln fest aber nicht zu steil, aber auch nicht durchtretend (ca. 20°).
Ellbogen weder abstehend noch angedrückt. Die Länge der Laufknochen soll die Brusttiefe überragen (ca. 55%).

Hintergliedmaßen

Keulen breit mit kräftigen Muskeln.
Oberschenkel von der Seite gesehen schräg zum nur wenig längeren Unterschenkel, der sich im Winkel von etwa 120° anschließt, Winkelung entspricht etwa der Vorhandwinkelung, ohne überwinkelt zu sein.
Sprunggelenk kräftig und fest.
Der Hintermittelfuß ist kräftig und bildet mit dem Unterschenkel ein straffes Sprunggelenk. Die Hinterhand muß insgesamt kräftig und gut bemuskelt sein, damit sie in der Lage ist, in der Bewegung den Körper des Hundes mühelos nach vorn zu schieben.

Pfoten

Rundlich, kurz, gut geschlossen und gewölbt.
Sohlen sehr hart, aber nicht spröde.
Nägel kurz und kräftig, von dunkler Farbe.
Wolfsklauen finden sich manchmal an den Hinterläufen und sind in den ersten Tagen nach der Geburt zu entfernen.

Farbe

Schwarz mit regelmäßigen braunen, gelben bis hellgrauen Abzeichen, auch mit schwarzem Sattel, dunkel gewolkt (schwarzer Anflug auf grauem oder lichtbraunem Grunde mit den entsprechenden helleren Abzeichen), schwarz, grau einfarbig oder mit hellen oder braunen Abzeichen. Kleine weiße Brustabzeichen oder sehr helle Innenseiten der Läufe sind zugelassen, aber nicht erwünscht. Die Nasenkuppe muß bei allen Farbschlägen schwarz sein (Hunde mit wenig oder fehlender Maske, mit gelblichen Augen oder stechend hellen Augen, hellen Abzeichen an Brust und Innenseite der Läufe sowie weißlichen Krallen und roter Rutenspitze oder verwaschenen weichen Farben, gelten als pigmentschwach). Das Grundhaar, die Unterwolle, ist, außer bei schwarzen Hunden, immer leicht grau gefärbt. Die endgültige Färbung der Welpen ist erst nach Durchbruch des Deckhaares bestimmbar.

Behaarung

a) der **stockhaarige** Deutsche Schäferhund:
Deckhaar möglichst dicht. Das einzelne Haar gerade, harsch und fest anliegend. Kopf einschließlich des Ohrinnern, Vorderseite der Läufe, Pfoten und Zehen kurz, Hals länger und stärker behaart. An der Rückseite der Vorder- und Hinterläufe verlängert sich das Haar bis zur Vorderfußwurzel oder bis zum Sprunggelenk, an den Keulen bildet es mäßige Hosen. Die Länge des Haares ist verschieden, auch finden sich infolge der verschiedenen Haarlängen reichlich Zwischenformen. Zu kurze maulwurfartige Behaarung ist fehlerhaft.
b) der **langstockhaarige** Deutsche Schäferhund:
Das einzelne Haar ist länger, nicht immer gerade und vor allem nicht straff am Körper anliegend. Besonders im Ohrinnern, hinter den Ohren, auf der Rückseite des Unterarmes und meistens in der Lendengegend sind die Haare erheblich länger, sie bilden mitunter Ohrenbüschel und Fahnen ab Ellbogen bis Vordermittelfuß. Die Hosen an den Keulen sind lang und dicht. Die Rute ist buschig, mit leichter Fahnenbildung nach unten. Langstockhaar ist, da nicht so wetterfest wie das normale Stockhaar, nicht erwünscht, bei noch genügender Unterwolle jedoch, sofern es die Zuchtordnung des Landes zuläßt, noch zur Zucht zugelassen.
Bei langstockhaarigen Deutschen

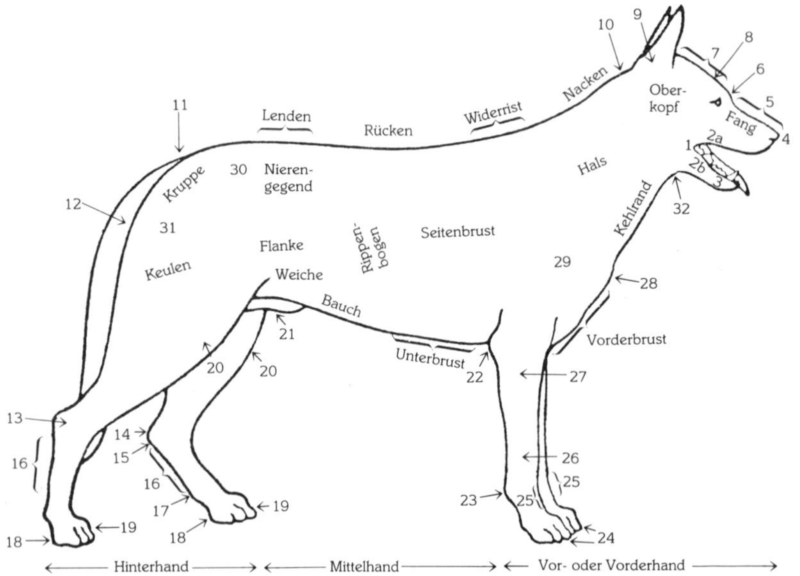

Musterhund – Erklärung zur Bezeichnung der einzelnen Teile des Hundeäußeren

1	Lippenwinkel	11	Rutenansatz	22	Ellbogenhöcker
2a	Oberlippe	12	Sitzbeinhöcker (Gegend des)	23	Karpalballen
2b	Unterlippe	13	Sprunggelenk	24	Vorderzehen mit Krallen
3	Kinn	14	Sprungbeinhöcker	25	Vordermittelfuß
4	Nasenkuppe	15	Sprungbein	26	Vorderfußwurzelgelenk
5	Nasenrücken	16	Hintermittelfuß	27	Ellbogengelenk
6	Stirnabsatz	17	After- oder Wolfsklaue (Sitz der)	28	Bug- oder Brustbeinspitze
7	Stirn	18	Sohlenballen	29	Schultergelenk
8	Stirnfurche (Sitz der)	19	Hinterzehen mit den Krallen	30	Hüfte
9	Hinterhaupthöcker	20	Kniegelenk mit der Kniescheibe	31	Hüftgelenk
10	Genick	21	Glied	32	Kehle

Schäferhunden findet sich häufig Engbrüstigkeit und schmale, überstreckte Fangbildung.

c) der **langhaarige** Deutsche Schäferhund:

Das Haar ist erheblich länger als beim langstockhaarigen Hund, zumeist sehr weich und scheitelt sich in der Regel auf dem Rücken. Unterwolle ist nur in der Lendengegend oder überhaupt nicht vorhanden.

Beim langhaarigen Deutschen Schäferhund ist die Wetterfestigkeit und auch die Gebrauchstüchtigkeit erheblich herabgemindert. Deshalb ist Langhaar unerwünscht.

Fehlerhaft

Alle Gebrauch, Ausdauer und Leistungsfähigkeit beeinflussenden Mängel, im besonderen ein dem Geschlecht nicht entsprechendes Gepräge und schäferhundwidriges Wesen, wie Teilnahmslosigkeit, Nervenschwäche oder Überreizung, Scheuheit; mangelnde Lebenskraft und Arbeitsfreudigkeit; Monorchismus oder Kryptorchismus und zu kleine Hoden; weiche oder schwammige Konstitution und Gehaltmangel; Farbenverblassung; Bläulinge, albinotische Hunde (d. h. Kakerlaken mit völligem Pigmentmangel, wie rote Nasenkuppe usw.), Weißlinge (d. h. nahezu bis reinweiße Hunde mit schwarzer Nasenkuppe). Maßüber- und -unterschreitungen, Kümmerformen, hochläufige und in der Vorhand überladene Hunde, zu kurze Gesamterscheinung, zu leichter oder plumper Bau, weicher Rücken, steile Stellung der Gliedmaßen sowie alle die Geräumigkeit und Ausdauer des Gangwerkes beeinträchtigende Mängel. Zu kurzer, stumpfer, schwacher, spitziger oder überstreckter kraftloser Fang, Vor- oder Überbeißen oder andere Gebißmängel, namentlich schwaches oder angegriffenes Gebiß. Zu weiche, zu kurze oder zu lange Behaarung und fehlendes Grundhaar (Unterwolle). Hängende und dauernd schlecht getragene Ohren, gestutzte Ohren. Gerollte, geringelte, wie überhaupt schlecht gehaltene Rute, gestutzte Rute (Stummelrute), angeborene kurze Rute.

Triebbedingte Verhaltensweisen

Jedem Individuum sind bestimmte Triebe eigen. Daraus ergeben sich Instinkthandlungen. Die Kunst der Hundeerziehung besteht darin, sie zu wecken bzw. zu unterbinden. Grundlegende Kenntnis dieser Thematik spielt bei der Ausbildung eine entscheidende Rolle.

Der **Meutetrieb** ruft im Hund das Bedürnis hervor, sich dem Menschen anzuschließen. Er zeichnet verantwortlich für das Bestreben mancher Tiere, die Rolle des Meuteführers zu übernehmen. Hier gilt es, dem Hund durch verständnisvolles, aber konsequentes Verhalten klarzumachen, daß sich Herrchen die Führungsposition nicht streitig machen läßt.

Spiel-, **Beute**- und **Bringtrieb** sind als ein Funktionskreis anzusehen, den wir uns bei der Ausbildung unbedingt zunutze machen sollten. Spieltriebförderung jeglicher Art beim Welpen ist die erste wichtige Voraussetzung für erfolgreiche und zwanglose Ausbildung. Den Beutetrieb nutzen wir im Anfangsstadium der Schutzdienstarbeit, und wenn wir es verstehen, den Bringtrieb in richtige Bahnen zu lenken, werden wir uns einen apportierfreudigen Vierbeiner heranbilden.

Beim **Kampftrieb** spielt die Veranlagung eine gewisse Rolle, die Förderung muß darauf abgestimmt und demzufolge unterschiedlich gehandhabt werden.

Der **Jagdtrieb** bedingt eine unerwünschte Verhaltensweise, die dem Hund durch ein schmerzhaftes Erlebnis (z. B. Wurf mit der Kette) verleidet werden muß.

Anlagebedingte Verhaltensweisen

Das Verhalten des Hundes ist im Zusammenhang mit seiner Abstammung und den Erbanlagen zu sehen. Seine Sinnesorgane, an erster Stelle die Nase, dann das Gehör, sind hervorragend ausgeprägt. So nimmt das sogenannte Riechfeld in den Nasenmuscheln des Hundes eine ca. 30mal größere Fläche ein als beim Menschen.
Dagegen ist die Sehschärfe des Hundes begrenzt. Er ist durch seine besonders gute Nasenveranlagung in der Lage, diesen Mangel auszugleichen. Auch wird eine schlechte optische Wahrnehmungsmöglichkeit beim Hund durch das Gehör unterstützt. Der Hund wird immer bestrebt sein, sich mittels seines Riechorgans zu orientieren. Diese ausgeprägte Eigenschaft hat sich der Mensch in vielfältiger Weise zu Nutze gemacht.
Die vielfältige Einsatzmöglichkeit des Deutschen Schäferhundes ist nicht zuletzt auf diese gute Veranlagung zurückzuführen und befähigt ihn z. B. als Lawinensuchhund, beim Auffinden von Verschütteten oder im Kampf gegen den Rauschgiftschmuggel zu erstaunlichen Leistungen.

Der Welpe

Stuben- bzw. Zwingerreinheit

Wenn man sich einen jungen Hund zulegt, sollte derjenige, der sich in erster Linie mit dem Tier befassen wird, mindestens eine Woche ständig zu Hause sein. Der Welpe muß anfangs möglichst viermal gefüttert werden, und vor allem geht es um die Stubenreinheit.

Man merke sich: Wo sich der Welpe das erste Mal löst, dort wird er immer wieder hinstreben, um sein Geschäft zu verrichten. Es sollte also vorher eine Stelle in unmittelbarer Nähe des Hauses ausgesucht werden, wo der Hund sich ungestört lösen kann.

Haben ihn nach seiner Ankunft alle Familienmitglieder in Augenschein genommen, sollte man ihn schon bald an diesen Ort tragen. Man muß dann etwas Geduld haben, aber er wird mit Sicherheit den ersten See produzieren, und dann haben Sie gewonnen. Natürlich wird der kleine Kerl, unmittelbar nachdem das Geschäft erledigt ist, gelobt.

Welpen »müssen« sehr oft, vor allem nach dem Fressen, und auch wenn sie aus dem Schlaf erwachen (deshalb ist es so wichtig, daß man sich die ersten Tage viel Zeit nimmt). Dann wird sofort wieder verfahren, wie beschrieben. Den Hund anfangs immer an den bestimmten Platz **tragen**. Er findet noch nicht allein dorthin, oder das »Unglück« passiert unterwegs an einer ungeeigneten Stelle, z. B. im Flur!

Es empfiehlt sich, die ersten Nächte in der Nähe des Welpen zu schlafen, damit man ihn hört und ihn sofort hinaustragen kann, sobald er unruhig wird.

Hat man die ersten 14 Tage überstanden, die Unbequemlichkeiten in Kauf genommen und gut aufgepaßt, dann wird sich unser Hund mit Sicherheit bereits melden, wenn er hinaus muß.

Etwas schwieriger gestaltet sich die Sache beim Zwingerhund. Aber auch hier kann man mit Geduld und Aufmerksamkeit schnell erreichen, daß der Hund außerhalb des Zwingers sein Geschäft erledigt. Aber auch hier gilt: Keinesfalls darf es ihm gelingen, das erste große oder kleine Geschäft im Zwinger zu verrichten. Sonst wird diese Stelle von ihm immer wieder zu diesem Zwecke angestrebt, und es kann lange dauern, bis der Hund zwingersauber ist.

Zu diesem Thema eine wahre Begebenheit als abschreckendes Beispiel: Ein vielbeschäftigter Unternehmer kaufte sich einen Welpen. Er konnte sich wenig um ihn kümmern, und der Hund verunreinigte natürlich ständig seinen sehr schönen und mit viel Kostenaufwand errichteten Zwinger, was seinem Herrn sehr mißfiel. Die

»Häufchen« wurden immer größer und jeden Tag mußte der Zwinger gesäubert werden.
Nach einer gründlichen Reinigung des Zwingers nahm der Besitzer seinen Junghund an einem Sonntagmorgen an die Leine und machte mit ihm einen ausgedehnten Spaziergang in dem Glauben, das Tier würde dabei sein Geschäft erledigen. Der brave Hund aber hielt so lange durch, bis er seinen Zwinger wieder erreicht hatte, um dort erleichtert einen großen »Haufen« abzusetzen. Das wiederum brachte Herrchen so in Zorn, daß er ihn am Nackenfell packte und ihm ein paar kräftige Hiebe versetzte.
Der Erfolg dieses Erziehungsversuches war ein handscheuer Hund, der diesen Schock nie überwunden hat, und zu dem sein Herr keinen Kontakt mehr fand. Er wurde schließlich verkauft.

Kontakt zur Umwelt

So ein niedlicher Welpe wird oft fälschlicherweise als Spielzeug betrachtet. Besonders Kindern ist nur schwer begreiflich zu machen, daß der neue Hausgenosse anfangs die meiste Zeit schlafen will und unbedingt seine Ruhe haben muß.
Natürlich soll er mit der Familie, später auch häufiger mit anderen Menschen, in Berührung kommen. Diese Kontakte müssen aber von einer Bezugsperson gesteuert und kontrolliert werden.
Auch ist für die Entwicklung und das spätere Verhalten des Hundes der Kontakt mit Artgenossen von ausschlaggebender Bedeutung. Einem Junghund muß die Möglichkeit geboten werden, mit anderen Hunden zu balgen und zu spielen. Auch hier ist die Kontrollfunktion des Menschen wichtig: Niemals darf das Jungtier von einem anderen Hund gejagt oder überrollt werden. Wiederholen sich solche Vorkommnisse, ist Ängstlichkeit die Folge, was später in aggressives Verhalten umschlagen kann.
Sobald wie möglich wird der Welpe an ein Halsband (zunächst ein kleines Lederhalsband) und an das Gehen an der Leine gewöhnt. Wenn man dem anfänglichen Sträuben mit Liebe und Geduld begegnet, wird er bald ohne Zwang mitlaufen. Auch sollten wir den Welpen schon sehr bald daran gewöhnen, daß er mit uns im Auto fährt. Jeden Tag eine kurze Runde mit anschließendem Spiel, und in kurzer Zeit wird der Hund gern mitfahren. Keinesfalls jedoch darf die Autotour unmittelbar nach dem Füttern stattfinden. Am besten ist anfangs ein leerer Magen.

Spieltriebförderung und erste Gehorsamsübungen

Je älter der Welpe ist, um so mehr verlangt er nach Beschäftigung. Weglaufen, Verstecken und Balgen machen Freude und fördern den Kontakt. Man

kann schon früh anfangen, ein Bällchen zu rollen und versuchen, den Hund durch Weglaufen oder Locken dazu zu bringen, daß er kommt. Mit etwas Geschick gelingt es, den Grundstein dafür zu legen, daß aus unserem Welpen später ein freudiger Apportierer wird. Ein Stöckchen leistet dabei gute Dienste.
Der Hund soll auch schon bald lernen, sich vor uns hinzusetzen. Wir halten ein Leckerchen so hoch vor seine Nase, daß er es nicht fassen kann und geben das Hörzeichen »Sitz«. Springt er uns an, stoßen wir ihn mit dem Knie sanft zurück. Immer wieder das Hörzeichen, irgendwann wird ihm die Stellung unbequem, und er sitzt. Dem **sitzenden** Hund geben wir dann ganz schnell den Leckerbissen. Diese Übung hat er sehr bald begriffen. Anfangs sollte man ihn immer belohnen.

Die Haltung des deutschen Schäferhundes

Unterbringung und Bewegung

Für den Deutschen Schäferhund wird in den meisten Fällen die Zwingerhaltung in Frage kommen.
Um eine artgerechte und vor allen Witterungen schützende Behausung zu erstellen, sollte ein erfahrener Hundefachmann hinzugezogen werden. Es gibt verschiedene Möglichkeiten, einen Zwinger zu bauen, allerdings wird man sich immer nach den Platzverhältnissen richten müssen. In jedem Fall muß die Mindestgröße der Grundfläche 6 Quadratmeter betragen.
Es gibt bereits sehr empfehlenswerte Fertigzwinger, die in Hundefachzeitschriften angeboten werden.
Ist ein größeres Grundstück vorhanden, kann ein Freiauslauf an den eigentlichen Zwinger angeschlossen werden.
Nach Möglichkeit sollte der Hund jedoch nicht ausschließlich im Zwinger gehalten werden. Man sollte ihn einmal am Tag mit in die Wohnung nehmen, denn der enge Kontakt zur Familie macht ihn umgänglich und prägt seinen Charakter entscheidend.
Ein gesunder Deutscher Schäferhund braucht viel Bewegung. Hier soll nicht vom täglichen zwei- bis dreistündigen Spaziergang die Rede sein, denn diesen Zeitaufwand kann sich außer einem Rentner oder Urlauber kaum jemand leisten. Der Hundehalter muß ein Gespür dafür haben, wie er dem Bewegungsdrang seines Vierbeiners gerecht werden kann. Eine konstante Regelmäßigkeit wird allerdings nicht zu erreichen sein, da ja auch die Witterungsverhältnisse eine nicht unwesentliche Rolle spielen.
Regen sollte jedoch den Schäferhundfreund nicht von dem geplanten Spaziergang abhalten! Wer die Möglichkeit hat, sollte seinen Hund schwimmen lassen. Wenn man sie Schritt für Schritt mit dem nassen Element vertraut macht, entwickeln sich die meisten Hunde zu leidenschaftlichen Schwimmern. Genau wie für den Menschen ist Schwimmen für das Tier geradezu ideal.
Der ausgewachsene Hund sollte langsam daran gewöhnt werden, am Fahrrad zu traben. Er läuft angeleint an der rechten Seite des Rades, damit er nicht mit dem fließenden Verkehr in Konflikt gerät. Bei gutem Wetter sollten des öfteren Fahrradausflüge unternommen werden.
Da die meisten Schäferhunde ausgebildet werden, ist bei der Arbeit auf

dem Übungsplatz und in der Fährte schon für einen großen Teil des Bewegungsbedarfs der Ausgleich geschaffen.
Wenn die Zeit für größere Unternehmungen nicht ausreicht, kann man mit dem Hund auch mal kurz im Garten toben und ihn mehrmals einem Gegenstand (Stock oder Ball) nachjagen lassen.

Fütterung und Pflege

Der Welpe wird dreimal, der Junghund zweimal und der erwachsene Hund (etwa ab dem 14. Lebensmonat) nur noch einmal täglich gefüttert.
Als Grundnahrungsmittel finden hauptsächlich die von verschiedenen Herstellern angebotenen Futterflokken bzw. Fertigfuttermittel Verwendung.
Für heranwachsende Hunde ist eine tägliche Kalkbeigabe unerläßlich. Vitamine und Mineralien, als Produkte in Pulverform erhältlich, sowie Lebertran können wechselweise zum Futter gegeben werden. Ansonsten kann man den Speiseplan durch gelegentliches Zufüttern von Quark, Ei, Banane oder Gemüse anreichern.
In der Regel sollen Knochen nicht gefüttert werden, lediglich ein Kalbsknochen ist mal erlaubt. Pansen und Blättermagen sind ein gutes Beifutter, allerdings schwer zu bekommen.
Ein gesunder Hund hat ein glänzendes Fell, das nur gelegentlich gebürstet werden muß. Ist der Hund in der Haarung, muß öfters mit Striegel und Bürste nachgeholfen werden, damit er das alte Haarkleid schneller abstößt. Bei manchen Hunden setzt sich Staub im Haarkleid fest, der sich auch durch intensives Bürsten nicht entfernen läßt. Dann ist eine Waschung mit Hundeschampon angebracht.

Der kranke Hund

Unser in der Zivilisation aufgewachsener Hund ist bei Auftreten von Krankheiten auf menschliche Hilfe angewiesen. Die Anschauung »ein Tier hilft sich selbst« ist heute in den meisten Fällen nicht mehr vertretbar. Es liegt also beim Hundebesitzer, Krankheitssymptome sofort zu erkennen und zu entscheiden, ob ein Tierarztbesuch erforderlich ist.
Das Haarkleid gilt in erster Linie als Spiegel körperlichen Wohlbefindens. Gleichmäßiger Appetit und vor allem regelmäßiger, in seiner Konsistenz breiig-fester Kotabsatz ohne Wurmabgang sind ein sicheres Zeichen dafür, daß der Hund organisch gesund ist. Die beim Deutschen Schäferhund relativ häufig auftretenden Krankheiten sollen hier kurz beschrieben werden, um dem Halter zu ermöglichen, eine Diagnose zu stellen, und wenn nötig, auf dem schnellsten Wege einen Tierarzt aufzusuchen.
Infektionskrankheiten, gegen die jeder Hund geimpft sein sollte, finden hier wegen ihres seltenen Auftretens keine Berücksichtigung.
Es ist anzuraten, in gewissen Zeitabständen eine Kotuntersuchung durchführen zu lassen, um den Darmparasitenbefall unter Kontrolle zu haben und auf Anweisung des Tierarztes zu bekämpfen.

Zwingerhusten

Wenn ein Hund ständig hustende Geräusche von sich gibt, kann man davon ausgehen, daß er vom Zwingerhusten befallen ist. Er gehört zu den in jüngster Zeit häufiger auftretenden Infektionskrankheiten. Es kommt dabei zur raschen Vermehrung von auf das Bronchialsystem einwirkenden Bakterien, wodurch Fieber und Husten ausgelöst und die Widerstandskraft der befallenen Tiere erheblich geschwächt wird. Bei geringstem Verdacht ist tierärztliche Hilfe nötig.

Aujeszkysche Krankheit

Diese gefährliche Virusinfektion spielt heute auch beim Hund eine Rolle, früher wurden lediglich Schweinebestände befallen. Schweinefleisch im ungekochten Zustand ist die Infektionsquelle für diese Krankheit, die in fast allen Fällen tödlich endet. Die Symptome: Erbrechen, Speichelfluß, beschleunigte Atmung, fieberhafte Erregung, Krämpfe, rapide Verschlechterung des Allgemeinzustandes, starker Juckreiz. Auch der Tierarzt kann hier meistens nicht helfen. Also: kein rohes Schweinefleisch verfüttern!

Magendrehung

Aus bisher unbekannter Ursache verdreht sich der gesamte Magen um 90 bis 360 Grad. Äußere Anzeichen sind starke Zunahme des Leibesumfanges und schnelle Verschlechterung des Allgemeinzustandes. Da keine Durchblutung mehr gewährleistet ist, tritt der Tod relativ schnell ein. Auch bei sofortiger Operation sind die Überlebenschancen sehr gering.

Ohrenerkrankung

Wenn Infektionserreger in das Ohr eindringen, kann es zu einer schmerzhaften Ohrenentzündung kommen. Kratzt sich der Hund ständig unter Stöhnen und Jaulen am Ohr und stellt es nicht mehr gerade, so ist unverzüglich der Tierarzt aufzusuchen. Verschleppte Entzündungen des äußeren Gehörganges können dann nur noch durch Operation geheilt werden.

Prostatavergrößerung

Sie tritt vielfach bei Rüden im fortgeschrittenen Alter auf und äußert sich in der Form, daß der Hund unter Schwierigkeiten und dabei mit den Hinterläufen trampelnd Kot absetzt, und der Harnabsatz nicht im kräftigen Strahl, sondern schubweise vonstatten geht. Mit tierärztlichem Behandlungserfolg ist zu rechnen.

Bauchspeicheldrüsenschwäche

Bei dieser Erkrankung werden zu wenig Fermente produziert und dadurch wird das Futter schlecht ausgenutzt. Trotz guter Futteraufnahme magert der Hund ab und scheidet viel übelriechenden, breiigen, grauen Kot aus.
Diese Krankheit wird im Frühstadium meist nicht erkannt, da der Hund mobil ist wie eh und je und keine Verschlechterung des Allgemeinzustandes eintritt.
Der Tierarzt kann durch Kot- und Blutuntersuchungen eine Diagnose stellen, doch bei einer Entzündung der Bauchspeicheldrüse besteht kaum Aussicht auf Heilung. Sie tritt in der Regel plötzlich auf und äußert sich in Appetitlosigkeit, Erbrechen, Durchfall, gespanntem hochempfindlichen Bauch und schlechtem Allgemeinzustand.

Ellenbogendysplasie

Neben der Hüftgelenksdysplasie, die in leichten und mittelschweren Fällen höchstens beim älteren Hund als schmerzhaftes Krankheitsbild in Erscheinung tritt, zeigt sich die Ellenbogendysplasie bereits beim Welpen bzw. Junghund. Symptom: Er schont den befallenen Lauf. Es gibt Hinweise darauf, daß auch diese Krankheit erblich ist. Eine Operation ist ab einem gewissen Alter möglich, die Heilungschancen sind günstig.

Hundezucht

Die Frage, ob man mit seiner Hündin züchten soll, muß sehr genau durchdacht werden. Voraussetzung ist, daß sie den »a«-Stempel, ein Ausbildungskennzeichen und eine Ausstellungsbewertung (mindestens gut) besitzt. Notwendig sind ein größerer Raum und Auslaufgelegenheit im Freien sowie viel Zeit für Hündin und Welpen.
Für den Anfänger in der Schäferhundzucht wird viel Neues auftauchen. Am besten läßt man sich von einem Tierarzt und vom Zuchtwart der jeweiligen Ortsgruppe des Deutschen Schäferhundevereins beraten.
Unerläßlich ist die Kenntnis der Zuchtordnung.
Die Hündin wird zweimal im Jahr läufig, meistens Ausgang des Winters bis Frühjahr sowie Ausgang des Sommers bis Herbst. – Man wird also ungefähr den Zeitpunkt des Eintrittes der Läufigkeit wissen.
Mit Hilfe des Zuchtwartes sucht man nun den Deckrüden aus. Dabei sind die Vererbungsgesetze zu berücksichtigen: Die Ahnentafel der Hündin und des Rüden zu studieren, evtl. bereits vorhandene Nachkommen zu besichtigen. Die ideale Paarung soll Fehler und schlechte Eigenschaften unterdrücken und gute Eigenschaften körperlicher und wesensmäßiger Art in den Nachkommen festigen. Der Deckrüdenbesitzer muß vorher und dann zum genauen Termin benachrichtig werden. Der Deckakt findet am besten am 12.–13. Tag der Läufigkeit (vom Beginn der Blutungen an gerechnet) statt und zwar beim Rüden. Anschließend ist die Hündin gut von anderen Rüden fernzuhalten, damit es nicht nochmals zu einem nicht erwünschten Deckakt kommt.

Die Hüftgelenksdysplasie und ihre Bekämpfung

Da diese Krankheit vererbt wird, findet sie bei der Auswahl der Zuchttiere besondere Berücksichtigung. Sie zeigt sich in der Verformung eines Hüftgelenkes, in schweren Fällen können auch beide betroffen sein. Seit 1966 versucht der SV die Dysplasie in den Griff zu bekommen. Hunde ab dem 12. Lebensmonat werden auf diese Krankheit hin geröntgt und erhalten bei keinem oder nur geringen Befund den sogenannten »a«-Stempel, und zwar stempelt das Zuchtbuchamt nach Auswertung des Gutachters die Ahnentafel entsprechend ab. Dies geschieht bei der Bewertung

normal
fast normal
noch zugelassen.

Hunde mit mittlerer bis schwerer HD erhalten den Stempel nicht, mit ihnen soll nicht gezüchtet werden.

Trächtigkeit und Geburt

Die Trächtigkeit dauert durchschnittlich 9 Wochen, also ca. 63 Tage. Einige Tage mehr oder weniger können normal sein, vorausgesetzt, daß die Hündin kein anormales Verhalten zeigt. Im Zweifelsfall wende man sich rechtzeitig an einen mit Kleintieren erfahrenen Tierarzt, dem man die Hündin auch schon während der Trächtigkeit zur Untersuchung vorführt. Die Pflege und Fütterung der trächtigen Hündin soll gut sein. Kalk- und Vitaminpräparate dürfen nicht fehlen. Vor der Hälfte der Trächtigkeit nochmals entwurmen. Gönnen Sie dem Tier ausreichend Bewegung, so wie die Hündin es selbst wünscht. Wilde Jagden, Springen, Umhertollen mit anderen Hunden soll natürlich vermieden werden.

Die Hündin wird jetzt auch träger, ihr Leibesumfang nimmt zu, das Gesäuge wird stärker. Manchmal kommt es auch ohne oder nach einem erfolglosen Deckakt zu den obengenannten Erscheinungen. Die Hündin sieht aus, als ob sie trächtig wäre. Wir nennen dies die sogenannte Scheinträchtigkeit. Sollte es dabei zu einer Milchdrüsenverhärtung kommen, muß man sich an einen Tierarzt wenden, um schwere Milchdrüsenentzündungen mit Abszeßbildung und dergleichen zu vermeiden. Aus diesen Verhärtungen oder Entzündungen können sich später die sogenannten Gesäugetumore entwickeln. Bestimmte Hormone, vom Tierarzt gespritzt, vermögen bei der Scheinträchtigkeit Abhilfe zu schaffen.

Als Vorbereitung wird der Hündin in den letzten 2 Wochen ein Raum oder eine Geburtskiste angewiesen. Sie muß sich eingewöhnen. Der Raum muß vor Zugluft, Nässe, praller Sonneneinstrahlung und großer Kälte geschützt sein. Die Geburt wird eingeleitet durch unruhiges Benehmen der Hündin, sie scharrt oder will ein Nest bauen. Die Milch schießt ein, und die Körpertemperatur sinkt ab. Als erstes zeigen sich die sogenannten Einleitungswehen (auch »falsche Wehen« genannt), die bei der erstgebärenden Hündin oft einen sehr langen Zeitraum einnehmen und bis zu acht Stunden dauern können. Als zweites folgen die Preßwehen, die den richtigen Geburtsvorgang, das Auspressen der Frucht, bewirken. Die Frucht steckt in zwei Hüllen. Die äußere, die sogenannte Allantoisblase, platzt beim Austreten aus dem Becken, und der ausfließende Schleim befeuchtet die Geburtswege. Die Frucht selbst kommt umhüllt von dem sogenannten Amnion an. Die Hündin öffnet selbst die Blase, nabelt den Welpen ab und leckt ihn trocken.

Die Nachgeburt kommt direkt mit der Frucht an oder, wenn die Nabelschnur schon gerissen ist, kurz nachher. Normalerweise frißt die Hündin die Nachgeburt auf. Bei zuvielen Welpen nehme man aber einen Teil der Nachgeburten weg, weil sonst Ver-

dauungsstörungen als Folge eintreten können.
Die Welpen kriechen von selbst an die Milchzitzen oder werden angelegt. Die erste Milch, die die Kleinen saugen, ist die sogenannte Kolestralmilch, die zuerst einschießt und wichtige Abwehr- und Schutzstoffe für den jungen, schutzlosen Organismus enthält. Zwischen diesen einzelnen Geschehnissen kommt es immer wieder zu Preßwehen und zum Gebären von neuen Welpen, bis die Gebärmutter leer ist. Dabei können Pausen bis zu 4 Stunden auftreten. Eine weitere Verzögerung darf nicht zugelassen werden. Man muß dann einen Tierarzt hinzuziehen. Ebenso wenn stärkste Preßwehen die Frucht nicht austreben können oder wenn die Mutter ermattet und der Welpe ohne Mithilfe nicht herauskommen kann.
Es ist ratsam, daß dem Erstlingszüchter ein auf diesem Gebiet erfahrener Sportfreund zur Seite steht oder beim Auftreten von Komplikationen unmittelbar erreichbar ist.
Ansonsten sollte man bedenken, daß die Geburt ein ganz natürlicher Vorgang ist. Man sollte die Hündin nicht durch ständige Hilfegebung stören und beunruhigen.
Nach Vollendung des Geburtsvorganges muß die »Familie« ein paar Stunden völlig in Ruhe gelassen werden. Danach wird die Hündin an Halsband und Leine genommen und gezwungen, den Wurf zu verlassen, um sich draußen gründlich zu entleeren.
Ist das Wurflager durchnäßt, ist inzwischen für Sauberkeit und Trockenheit zu sorgen.
Der zuständige Zuchtwart ist zu benachrichtigen, der den Wurf in Augenschein nimmt, Ratschläge gibt und Entscheidungen trifft, sollte bei mehr als sechs Welpen eine Ammenaufzucht erforderlich werden. Die Fütterung der Mutterhündin muß qualitativ und quantitativ der körperlichen Belastung durch die Saugwelpen angepaßt werden. Auch hier gibt der Zuchtwart dem Neuling Erfahrungsratschläge.
Ein bis zwei Tage lang reicht man der Mutter Schleimsuppe (Haferflocken) und dergleichen. Dann muß eine tägliche mehrmalige und ausreichende Fütterung einsetzen. Nur so wird die Hündin die Säugeperiode gut überstehen. Beim Saugen an einer gesunden Mutter treten bei den Welpen kaum Schwierigkeiten auf. Sollte die Hündin trotz bester Fütterung zu wenig Milch haben, so können geeignete Trockenmilchsorten für Hunde zur Beifütterung der Schäferhundwelpen herangezogen werden. Bei Milchmangel, großer Schwäche, Erkrankung der Hündin kann man sich auch nach einer Amme umsehen. Reine Flaschenaufzucht ist lt. Zuchtordnung des SV verboten.

Aufzucht der Welpen

Etwa am 12. Tag öffnen sich bei den Welpen Lid und Gehörgang.
Ab der dritten Lebenswoche reicht die

Muttermilch nicht mehr aus, und es muß zugefüttert werden. Die Welpen sind jetzt schon recht lebendig und beginnen umherzulaufen. Der Speiseplan kann auf der Basis von Welpentrockenfutter mit Dosenfleisch für Hunde, gekochtem und zerkleinertem Gemüse, Hüttenkäse sowie ab und zu mit einer Banane, einem Löffel Honig und einem Ei ergänzt werden.
Die Welpen müssen anfangs mit dem Fang in das Fressen gestupst werden. Sie lecken sich diesen dann ab, und danach kommt der Appetit nach mehr. Es ist darauf zu achten, daß die Futterschüssel die richtige Höhe hat. Die Hunde müssen bequem an das Futter herankommen, sollen aber nicht darin baden, man kriegt sie so schlecht wieder sauber!
Etwa nach der vierten Lebenswoche beginnt man mit dem Absetzen. Die Hündin wird stundenweise von den Welpen getrennt, oder ihr wird durch Einrichtung einer erhöhten Lagerstätte Gelegenheit geboten, sich nach Bedarf zurückzuziehen.
Jetzt müssen Kalk sowie käufliche Zusätze zur Welpengrundnahrung dem Futter beigemischt werden. Etwa im Alter von fünf Wochen beginnt die sogenannte Prägephase. Die Welpen beginnen ihre Umwelt ganz bewußt wahrzunehmen. Positive sowie negative Erfahrungen prägen sich ihnen ein. Ganz wichtig ist der tägliche Kontakt mit Menschen, der entscheidend ist für ihr späteres Verhalten in der Mensch-Hund-Gemeinschaft.
Fast alle Welpen sind Wurmträger. Zehn Tage nach der Geburt wird die erste Entwurmung durchgeführt, indem die Zitzen der Mutterhündin mit einer entsprechenden Paste bestrichen werden. Nach der dritten Lebenswoche ist die Wurmkur zu wiederholen und die Mutterhündin mit einzubeziehen. Vor dem Verkauf werden die Welpen zuletzt entwurmt.
Den Zeitpunkt der ersten Impfung gegen Parvovirose, Staupe, Hepatitis, Leptospirose und Tollwut (sogenannte Grundimmunisierung) bestimmt der Tierarzt. Meistens erfolgt sie in der sechsten Lebenswoche. Eine Nachimpfung etwa nach vier Wochen, wenn die meisten Welpen die Züchterfamilie bereits verlassen haben, ist unbedingt erforderlich.
Im Alter von acht Wochen werden die Welpen tätowiert und können abgegeben werden. Sie besitzen dann bereits einen Impfpaß. Die Ahnentafel wird dem Käufer von der SV-Hauptgeschäftstelle in Augsburg zugeschickt. Das kann allerdings bis zu einem Vierteljahr dauern.

Zuchtordnung des Vereins für Deutsche Schäferhunde e.V.

Allgemeine Richtlinien

Der Hund ist im Laufe der Jahrtausende durch seine körperlichen und seelischen Eigenschaften zum Helfer des Menschen geworden (Wachhund, Jagdhund, Hütehund). Der Aufgabenkreis des Hundes hat sich erheblich vergrößert. Der Deutsche Schäferhund hat sich zum Gebrauchs- bzw. Arbeitshund im wahrsten Sinne des Wortes entwickelt, als der er die verschiedensten Verwendungsmöglichkeiten findet (Schutz- und Begleithund, als Diensthund bei der Polizei, der Bundesbahn, der Post, dem Zollwesen, den Wach- und Schließgesellschaften, in Fabriken und Warenhäusern, im Forstschutzdienst, als Blindenführhund, Lawinen-Suchhund, Katastrophenhund und als Sporthund).

Durch seine vielseitige Verwendungsmöglichkeit besitzt der Hund hohe ideelle und praktische Werte, die zu erhalten und zu fördern Aufgabe der Züchter der deutschen Rassehunde ist. Wenn auch die meisten Hunde kraft ihrer natürlichen Anlagen Eigenschaften besitzen, die sich durch geeignete Erziehung zur Ausübung der vorerwähnten Arbeitsleistungen entwickeln lassen, so ist es doch aus biologischen Gründen notwendig, durch Reinzucht der besonders geeigneten Rassen die in ihnen ruhenden erwünschten Erbanlagen möglichst reinerbig zu gestalten, um auf diesem Wege schnell zum Ziele zu kommen. Hunderassen, von denen bestimmte höhere Arbeitsleistungen nicht verlangt werden oder nicht verlangt werden können, sind zu ihrer Erhaltung oder Verbesserung aus Gründen allgemeiner Nutzwertsteigerung und rein sportlicher Zuchtbelange auf die Durchführung der Reinzucht ebenfalls angewiesen. Deshalb vertritt der SV die Auffassung, daß ganz allgemein nur planmäßige Rassezucht betrieben werden sollte.

Zuchtverfahren

An Zuchtverfahren sind zu unterscheiden:

1. Reinzucht = Paarung von Tieren gleicher Rasse. Sie führt von selbst zur Ausnutzung der Erbwerte durch Familien- und Verwandtschafts- oder Inzucht.
2. Kreuzung = Paarung von Tieren verschiedener Rassen.
3. Inzucht = auf engere Blutsverwandtschaft gegründete Zucht, in der ein Ahn mindestens je einmal auf Vater- und Mutterseite vertreten ist. Inzucht ist stes Verwandtschaftszucht, wobei der Verwandtschaftsbegriff auf die ersten sechs Ahnenreihen beschränkt wird (Verwandschaftszucht).

   Man unterscheidet:

   Engste Zucht (Inzestzucht) = Paarung zwischen Eltern und Kindern, Großeltern und Enkeln, oder zwischen Geschwistern, also zwischen Verwandten 1. und 2. Grades in gerader oder in Seitenlinie. Sie ist bis auf weiteres nicht gestattet.

   Enge Inzucht = Paarung zwischen Verwandten 3. und 4. Grades.

   Weite Inzucht = Paarung zwischen Verwandten 5. und 6. Grades.

4. Zwischenzucht = einmalige Zuführung fremden Blutes in eine durch Inzucht gefestigte Blutlinie.
5. Fremdzucht = Paarung von Tieren gleicher Rasse, die nicht miteinander verwandt sind.

Die engste sowie die enge Inzucht sind Zuchtverfahren, die zu außerordentlichen Erfolgen führen können, wenn die Zuchtpartner alle gewünschten Eigenschaften reinerbig – oder wenigstens nahezu – besitzen; die Anwendung der engsten und engen Inzucht kann aber auch erschrekkende Folgen haben, sofern die Zuchttiere in den Erbanlagen mit mißliebigen Erscheinungen belastet sind. Da es allgemein in der Hundezucht reinerbige Tiere kaum gibt, sollten engste oder enge Inzucht nur solche Züchter betreiben, die ihre Zuchttiere ganz genau kennen und die es sich leisten können, bei Fehlschlägen die Zuchtergebnisse zu vernichten. Sie ist bis auf weiteres nicht zulässig. Da fast alle Hochzuchtrassen aus schmaler Zuchtbasis hervorgegangen sind, genügt es, die weite Inzucht zu betreiben. In dieser wird Blutanschluß in der 5. und weiter zurückliegenden Ahnenreihen auf Ahnen, die gute Vererber waren, gesucht. Aus enger Inzucht hervorgegangene Zuchten sollten immer wieder durch Zufuhr nicht eng verwandten Blutes aufgefrischt werden, um etwa in den Erbanlagen vorhandenen unangenehmen Erscheinungen durch Verdrängung möglichst schon vorbeugend zu begegnen.

Der Begriff Zuchtwert

Im »Zuchtwert« sind nachfolgende Unterschiede zu machen:

a) zur Zucht **zugelassene** Hunde,
b) zur Zucht **geeignete** Hunde (Körklasse II),
c) zur Zucht **empfohlene** Hunde (Körklasse I),
d) zur Zucht **nicht zugelassene** Hunde.

a) **Zur Zucht zugelassene Hunde**: Zur Zucht zugelassen sind alle im Zuchtbuch des SV eingetragenen Hunde, die im Besitz eines Ausbildungskennzeichens sind und die auf einer Zuchtveranstaltung mit mindestens »Gut« bewertet worden sind.
b) **Zur Zucht geeignete Hunde** und
c) **zur Zucht empfohlene Hunde** werden auf den Körungen nach besonderem Verfahren durch die Körmeister festgestellt (siehe »Körordnung«).
d) **Zur Zucht nicht zugelassene Hunde sind**:
   1. registrierte Hunde,
   2. solche, die nicht die Zuchtbewertung »Gut« nachweisen können,
   3. die nicht im Besitze eines Ausbildungskennzeichens sind,
   4. die mit Mängeln oder Krankheiten belastet sind,
   5. die im Wesen nicht fest (nervös, scheu, bissig) sind,
   6. die schwere Hüftgelenksdysplasie haben,

7. die Hodenmängel haben (auch wenn einseitig oder beiderseitig zu klein),
8. die ausgesprochenes Langhaar haben (ohne Unterwolle),
9. die schwere Pigmentmängel haben, auch Bläulinge (wenn bei Würfen ein oder mehrere Bläulinge auftreten, hat der Zuchtwart seinen LG-Zuchtwart zu verständigen. Dieser entscheidet, ob es sich um einen echten Bläuling handelt, der mit Nachzuchteintragungssperre zu belegen ist. Wird auf Schauen oder Körungen eine Blaufärbung bei einem Hund festgestellt, so muß für ihn Nachzuchteintragungssperre beantragt werden).
10. die entstellende Ohren- oder Rutenfehler haben,
11. die andere angeborene Mißbildungen haben und
12. die schwere Zahnfehler haben:
    Bei Fehlen von: 1 Prämolar 3 + 1 weiterer Zahn oder 1 Fangzahn oder 1 Prämolar 4 oder 1 Molar 1 oder 1 Molar 2 oder insgesamt 3 Zähne und mehr bleibt unberücksichtigt.
    Nachkommen dieser Hunde werden in das Zuchtbuch nicht eingetragen. Dies wird dem Eigentümer des Hundes vom Zuchtbuchamt mit eingeschriebenem Brief mitgeteilt. Gegen einen solchen Bescheid kann der Betroffene Einspruch einlegen. Über einen Einspruch, der spätestens 14 Tage nach Erhalt des Einschreibebriefes zu erfolgen hat, entscheidet in erster Instanz der Zuchtbuchführer, in zweiter Instanz der Präsident.

Der **Kaiserschnitt** bei einer Hündin ist nicht als zuchtwertmindernd zu werten, muß jedoch eine Hündin dreimal mit Kaiserschnitt gebären, und dem Zuchtbuchamt ist dies bekannt, wird Nachzuchteintragungssperre verhängt. Beim Verkauf einer Hündin mit Kaiserschnitt ist der Verkäufer gehalten, den Käufer hiervon zu unterrichten.

Die **Durchtrennung des musc. pect.** wird erlaubt. Der operierende Tierarzt hat die Durchtrennung des musc. pect. in die Ahnentafel einzutragen. Junghunde bis zu einem Jahr erhalten Nachzuchteintragungssperre. Wird die Operation bei einem älteren Hund vorgenommen, kann von der Verhängung einer Nachzuchteintragungssperre abgesehen werden, wenn der betreffende Hund vorher auf HD geröntgt wurde und der Röntgenbefund auf mittere HD oder auf eine geringgradigere HD lautet.

In das **Gebrauchshund-Register** a) mit Abstammungsangaben, b) ohne Abstammungsangaben können aufgenommen werden:

a) Welpen aus Eltern, die in ein vom SV anerkanntes Zuchtbuch eingetragen sind, für die eine Nachzuchteintragungssperre nicht besteht und für deren Züchter das Zuchtbuch des SV nicht gesperrt ist. Sie erhalten einen Register-Ausweis mit Angabe des Zwingernamens des Züchters und Elternangabe, wenn sie vom Zuchtwart ordnungsgemäß abgenommen und tätowiert sind mit den für das Abstammungsregister, das per 1. 10. 1973 geschlossen ist, eingeführten Tätowiersätzen.

b) Hunde, deren Abstammung nicht oder nur teilweise nachweisbar ist, deren Erscheinungsbild und Wesen jedoch den Rassemerkmalen entsprechen. Auch aus nicht zur Zucht zugelassenen Elterntieren stammende Abkömmlinge können, wenn sie selbst den Rassemerkmalen entsprechen, in das Gebrauchshund-Register ohne Abstammungsangaben aufgenommen werden.

Nachkommenschaft registrierter Hunde kann nur in das Gebrauchshund-Register eingetragen werden, auch dann, wenn ein Elternteil solcher Nachkommenschaft im Zuchtbuch eingetragen ist.

Anforderungen an Zuchttiere

Bei der Züchtung von Deutschen Schäferhunden ist als allgemeine Regel zu beachten: **Die Elterntiere müssen vollkommen wesensfest und gesund sein, ausgesprochenes Geschlechtsgepräge haben und dem Rassebild entsprechen.** Das setzt voraus, daß Zuchttiere neben dem ausgesprochenen Geschlechtsgepräge harte Konstitution, lebhaftes Temperament und einwandfreies Wesen besitzen, dabei ein kräftiges und Ausdauer gewährleistendes Gebrauchsgebäude haben. Sie müssen außerdem gute Futterverwerter sein und Widerstandskraft gegen ansteckende Krankheiten besitzen, so daß die für gute Zuchttiere erwünschte Langlebigkeit zu erwarten ist.

Die zur Paarung bestimmten Zuchttiere sollen die in ihrer Erbmasse liegenden Gebrauchshundanlagen möglichst reinerbig besitzen.

Unzweckmäßige Zwingerhaltung der Zuchttiere sowie Massenzucht ist zu verwerfen. Solchen Züchtern stellt der SV seine Vereinseinrichtungen nicht zur Verfügung. Wird Massenhundehaltung auf engstem Raum erst später festgestellt, kann dieser Verstoß (siehe Hauptvereinssatzung § 5, Ziffer 6) durch Ausschluß und Zuchtbuchsperre geahndet werden.

Zur Einhaltung der Zuchtordnung ist der Züchter wie der Eigentümer eines Deckrüden im gleichen Maße verpflichtet. Während ein Züchter wissen muß, ob für seine zur Zucht zu verwendende Hündin die Voraussetzungen für ihre Zuchtverwendung gegeben sind, hat der Deckrüdeneigentümer die Verpflichtung, sich vor Belegenlassen einer Hündin von deren Zuchttauglichkeit durch Vorlage entsprechender Unterlagen zu überzeugen.

Die Zuchtwarte

Den Zuchtwarten fällt die Aufgabe zu, die Zucht von Deutschen Schäferhunden im Sinne der Zuchtordnung zu überwachen, die Züchter, besonders die Anfangszüchter, ständig über die bestehenden Zuchtbestimmungen aufzuklären und die Züchter anzuhalten, zuchtunsichere oder zuchtschädigende Paarungen zu unterlassen. Die Züchter sind gehalten, sich von den Zuchtwarten in ihrer züchterischen Tätigkeit beraten zu lassen. Die Zuchtwarte und Ortsgruppen sind verpflichtet, Verstöße gegen die Zuchtordnung, auch wilde Zucht, der zuständigen Landesgruppe zu melden. Sie sind verpflichtet, jeden ihnen bekanntwerdenden Fall, in dem ihnen ein Tier für die Zucht unbrauchbar erscheint, dem Zuchtbuchamt zu melden und ausführlich zu begründen. Sie sind jedoch nicht berechtigt, ein Zuchtverbot auszusprechen. Das ist vielmehr dem Zuchtbuchamt vorbehalten. Sie sind verpflichtet, an den von den Landesgruppen durchgeführten Lehrgängen teilzunehmen. Ist dies nicht der Fall, so ist die Landesgruppe berechtigt, den Zuchtwart im Einvernehmen abzulösen.

Mindestalter der Zuchttiere

Zuchttiere müssen im Zeitpunkt der ersten Zuchtverwendung das auf Grund langjähriger Erfahrungen festgesetzte Mindestalter erreicht haben. Deutsche Schäferhunde dürfen vor ihrer Ausentwicklung, die bei Rüden mit 2 Jahren, bei Hündinnen mit 20 Monaten als abgeschlossen gelten kann, nicht zur Zucht verwendet werden. Maßgeblich ist der Deck- und Belegtag.
Würfe bzw. Nachkommen, die aus Eltern stammen, die vor dem Mindestalter zur Zucht verwendet worden sind, dürfen nicht in das Zuchtbuch eingetragen werden.
Unbeabsichtigte Deckakte von Hunden unter dem Mindestalter sind sofort dem zuständigen Zuchtwart und dem Zuchtbuchamt zu melden. Über die Eintragung der Nachkommen aus solchen Verbindungen in das Zuchtbuch entscheidet der Zuchtbuchführer, in besonderen Fällen der Präsident.

Häufigkeit der Zuchtverwendung

Ein Rüde darf im Kalenderjahr keinesfalls mehr als 40 Sprünge in möglichst gleichmäßiger Verteilung auf diese Zeit ausführen. Rüden, denen vom Zuchtbuchamt die Zusatzbezeichnung »a« zuerkannt wurde, dürfen bis zu 60 Sprünge im Jahr machen, die möglichst gleichmäßig aufzuteilen sind, je 50% auf das 1. und das 2. Kalenderhalbjahr. Häufige Deckakte kurz hintereinander sind der Konstitution des Rüden und einer sicheren Befruchtung wegen zu vermeiden.
– Wird ein Rüde erst während des

betreffenden Kalenderjahres zwei Jahre alt, so darf er nicht die Gesamtzahl der Sprünge ausführen. Es sind dann pro Monat 5 Sprünge an der Gesamtzahl abzuziehen.

- Deckrüden, die Ausländern gehören, zweitweise aber in der Bundesrepublik oder Westberlin stehen, vorübergehend auch ins Ausland genommen werden, dürfen auch nur maximal 40 bzw. 60 Deckakte im Jahr ableisten. Für diese gilt, was die Aufteilung der Deckakte anbelangt, das Obengesagte in gleicher Weise.
- Wird bei einem Rüden festgestellt, daß er beschränkt oder nicht zeugungsfähig ist, kann dieser abgekört und mit Nachzuchteintragungssperre belegt werden. Für Hündinnen, die wegen der mangelnden Zeugungsfähigkeit des Rüden leer geblieben sind, können die Eigentümer die volle Deckgebühr zurückverlangen.
- Deckrüdeneigentümern ist untersagt, Blankodeckscheine herauszugeben. Ebenso ist den Züchtern untersagt, Ahnentafeln zu unterschreiben, ohne den stattgefundenen Eigentumswechsel, mit Angabe des Datums sowie des Wohnortes des Eigentümers einzuschreiben. Dasselbe trifft auch zu bei späterem Eigentumswechsel. Für Rüden und Hündinnen, die im Eigentum mehrere Personen stehen, muß dem Zuchtbuchamt gegenüber eine Person als vertretungs- und zeichnungsberechtigt durch Vorlage einer schriftlichen Vereinbarung genannt werden.

Verstöße gegen diese Beschränkung werden vom Zuchtbuchamt geahndet. Gegen dessen Entscheidung steht dem Betroffenen ein Einspruch beim Präsidenten frei.

Hündinnen können bei Vermeidung der Aufzucht zu starker Würfe jährlich zweimal gedeckt werden, wenn sie kräftig und vollgesund sind.

Die im Benehmen mit dem Zuchtwart getroffene Wahl des Deckrüden steht dem Züchter frei, ebenso aber auch dem Rüdenhalter die Auswahl der zuzulassenden Hündinnen.

Angekörte Hündinnen sollen nur mit Genehmigung des Zuchtwartes oder des Körmeisters ihres Bezirkes anderen als angekörten Rüden zugeführt werden.

Stärke der Würfe

Mehr als sechs Welpen dürfen einer Hündin nicht belassen werden. Einer Hündin dürfen zur eigenen Aufzucht, zur Wahrung der Gesundheit des Muttertieres und einer gesunden Entwicklung der Jungtiere, nur 6 Welpen belassen werden. Bei stärkeren Würfen können weitere Welpen mit Hilfe einer Amme aufgezogen werden. Die zu verwendende Amme muß eine Widerristhöhe von mindestens 50 cm haben, kräftig und gesund sein und ein gutes Wesen besitzen. In bezug auf Größe einer Amme werden dann

Cindy von der Maaraue
Schäferhundzucht-Nr. 1485647 · Schutzhund III
Wurftag: 13.12.1979 · Körklasse Ia · Besitzerin: Johanna Bockhard

Zugeständnisse gemacht, wenn der für die Ammenaufzucht zuständige Zuchtwart glaubt, dies verantworten zu können. Einer Amme dürfen nur Welpen von einer Hündin, und zwar höchstens 6, einschließlich der Welpen, die die Amme geworfen hat, unterlegt werden. Zieht eine Amme keinen eigenen Wurf auf, können Welpen aus 2 verschiedenen Würfen unterlegt werden, wenn die Welpen so gekennzeichnet sind, daß eine Verwechslung nicht möglich ist und wenn der für die Ammenaufzucht zuständige Zuchtwart die Ammenaufzucht überwacht und die sichere Kennzeichnung bestätigt. Die Anlegung hat spätestens am 10. Tag nach der Geburt der Welpen zu geschehen. Die Ammenaufzucht muß vom zuständigen Zuchtwart überprüft und im Wurfmeldeschein bestätigt werden. Die mit einer Amme aufgezogenen Welpen sind im Wurfmeldeschein mit »A« zu kennzeichnen.

Das Belegen einer Hündin ausschließlich zum Zweck der Bereitstellung einer Amme ist nicht statthaft.

Die Landesgruppen sind verpflichtet, Ammenvermittlungsstellen, in größeren Landesgruppen mindestens zwei, einzurichten und zu unterhalten.
Wenn eine Hündin nach dem Werfen eingegangen ist, kann Ammenaufzucht über den 10. Lebenstag der Welpen hinaus gestattet werden, wenn der Körmeister oder Zuchtwart des Bezirkes die Genehmigung gibt.
Bei der Welpenauswahl, spätestens am 10. Tag nach dem Wurf, sind ohne Rücksicht auf die Geschlechter 6 Welpen der Mutter zu belassen, die übrigen einer Amme zur Aufzucht unter Berücksichtigung der vorstehenden Bestätigung zu übergeben.
Welpen mit irgendwelchen Mißbildungen und solche, die auf längere Sicht nicht lebensfähig scheinen oder den Wurfgeschwistern gegenüber zurückgeblieben sind, sind unabhängig von der Stärke des Wurfes spätestens am 11. Tage schmerzlos und nur durch Hinzuziehung eines Arztes oder einer fachkundigen Person und nur unter Betäubung zu töten. Dies gilt auch für überzählige Welpen, die trotz Einschaltung der Ammenvermittlungsstelle und Einleitung aller geeigneten und notwendigen Schritte bei einer Amme nicht unterzubringen sind. In Sonderfällen ist die Hauptgeschäftsstelle mit Bestätigung des zuständigen Zuchtwartes anzuschreiben.
Jede andere von der natürlichen Aufzucht abweichende Art ist nicht statthaft.
Afterklauen (Wolfskrallen) sind in der 1. Lebenswoche der Welpen sachgemäß zu entfernen.
Die Welpen sind nicht vor der 8. Woche und vor ihrer Tätowierung abzugeben. Dieses auch nur insoweit, als sie vollgesund sind und keine ansteckenden Krankheiten im Zwinger herrschen. Für Freisein von Ungeziefer und Darmparasiten hat der Züchter zu sorgen.
Das Tätowieren ist eine Voraussetzung für die Eintragung eines Wurfes in das Zuchtbuch des SV. Züchter haben, wenn ein Welpe das tätowierte Ohr nicht hochbringen sollte, keinen Anspruch darauf, vom SV oder vom Tätowierer Schadenersatz zu fordern. Welpen dürfen nur beim Züchter tätowiert werden. Sind Welpen in Ammenaufzucht weggegeben worden, müssen diese zwecks Tätowierung zum Wurf zurückgeholt werden.
Ist die Tätowiernummer später nicht zu lesen, so ist dies dem Zuchtbuchamt zu melden.

Züchter und Züchterrecht

Als Züchter eines Hundes gilt der Eigentümer der Mutterhündin zur Zeit des Belegens. Der Züchter ist verpflichtet, die Mutterhündin gut zu füttern und zu pflegen und sachgemäß zu halten. Er ist weiter verpflichtet, spätestens am zweiten Tag nach dem Werfen den zuständigen Zuchtwart zu verständigen und diesem eine Besichtigung der Hündin und des Wurfes zu ermöglichen. Beim Verkauf einer belegten Hündin kann der Verkäufer das Züchterrecht durch Vertrag auf den Käufer übertragen. Von dieser Vereinbarung ist dem Zuchtbuchamt spätestens 14 Tage vor dem Werfen, mittels eingeschriebenen Briefes, Kenntnis zu geben, andernfalls der Verkäufer als Züchter gilt. Als Unterlagen für die Abtretung müssen dem Zuchtbuchamt eingesandt werden:

1. Ahnentafel der Mutter,
2. Deckschein,
3. Abtretungserklärung (Mustervertrag).

Das Mieten von Hündinnen zur Zucht ist gestattet, und der Mieter der Hündin wird als Züchter des zu erwartenden Wurfes anerkannt, wenn 1. die für die Erlangung des Züchterrechtes genannten Voraussetzungen erfüllt sind und 2. der Mieter die gemietete Hündin nachweisbar ab dem Zeitpunkt der sichtbaren Trächtigkeit entweder im eigenen Gewahrsam oder mindestens unter ständiger Beobachtung hat.

Der Zuchtwart hat sich davon zu überzeugen, daß sich die Hündin spätestens von diesem Zeitpunkt an im Gewahrsam des Mieters befindet oder ständig unter seiner Kontrolle gehalten wird, um die Erfüllung dieser Verpflichtung auf dem Wurfmeldeschein zu bestätigen. Der Mieter hat darüber hinaus

a) bis zum Absäugen der Hündin und bis zur Abgabe der Welpen die gleichen Pflichten zu übernehmen, die einem Züchter erwachsen;
b) die mit dem Vermieter getroffenen Vereinbarungen gewissenhaft zu erfüllen.

Zuchtmieten über die bundesdeutschen Grenzen hinaus dürfen zur Zeit nicht getätigt werden.

Einer mit Zuchtbuchsperre belegten Person wird untersagt, das Züchterrecht für eine belegte Hündin an eine andere Person abzutreten.

- Mit dem Eintritt einer Zuchtbuchsperre wird automatisch auch die Sperre eines im Eigentum einer solchen Person stehenden Rüden bzw. Hündin verbunden.
- Deckanzeigen für Rüden, die im Eigentum einer Person stehen, für die das Zuchtbuch des SV gesperrt ist, dürfen in die SV-Zeitung nicht aufgenommen werden.
- Rüden im Eigentum einer mit Zuchtbuchsperre belegten Person dürfen nicht auf Deckstation weggegeben bzw. auf Deckstation genommen werden.

Einrichtungen zur Erhaltung und Förderung der Zucht

Dazu gehören Leistungsprüfungen, Schauen und Ausstellungen sowie die Körung. Dabei ist eine strenge, aber gerechte Beurteilung durch die Richter und Körmeister zu gewährleisten. Einzelheiten sind in der Körordnung, Schauordnung und Prüfungsordnung festgelegt.

So ist weiter bei den Leistungsprüfungen auf die nervliche Verfassung, den

Mut und die Selbstsicherheit besonderer Wert zu legen. Allein das Eindrillen eines Hundes, mag es noch so geschickt betrieben sein, kann den Mangel an sicherem Wesen nicht ersetzen. Soll die Zucht des Deutschen Schäferhundes richtig betrieben werden, so ist es notwendig, nicht nur die zu paarenden Tiere in ihrem Erscheinungsbild zu kennen und ihr Zusammenpassen in dieser Beziehung festzustellen, sondern es ist auch erforderlich, sich über ihren Erbwert zu unterrichten, um die in den beiderseitigen Erbmassen liegenden Eigenschaften zu ergründen. Das ist nur möglich bei lückenlos nachgewiesener Abstammung der Zuchttiere. Diesen Nachweis zu vermitteln ist Aufgabe des Zuchtbuchamts. Zu diesem gehören im weiteren Sinne:

a) Das Zuchtbuch als Sammelbekken für die gesamten eintragungsfähigen Deutschen Schäferhunde. Es kann nur in Anspruch genommen werden von Personen, die über 18 Jahre alt sind. Für Jugendliche unter 18 Jahren ist das schriftliche Einverständnis des Erziehungsberechtigten erforderlich.
b) Das Körbuch mit den zur Zucht geeigneten und empfohlenen, angekörten Hunden.
c) Die Leistungskartei mit den Nachweisen bestandener Prüfungen der Hunde.
d) Die Ausstellungskartei mit den Nachweisen der auf Ausstellungen und Schauen erhaltenen Bewertungen der Hunde.
e) Die Kartei zur Zucht nicht zugelassener Hunde.
f) Das Gebrauchshund-Register.

Die Bücher und Karteien sind so zu führen, daß sie brauchbare Unterlagen für die Vererbungsforschung liefern.

Die Zuchtbuchführung beruht auf der Grundlage von Treu und Glauben. Genießt eine Person nicht mehr das Vertrauen des Zuchtbuchamtes, kann der Zuchtbuchführer verfügen, daß für diese Person bis auf weiteres keine Eintragungen mehr erfolgen. Der Betroffene hat das Recht, hiergegen über die Hauptgeschäftsstelle beim SV-Vorstand Beschwerde einzulegen. Die Vorschriften über die Zuchtbuchsperre bleiben hiervon unberührt.

Personen, für die das Zuchtbuch des SV gesperrt ist, können die zuchtbuchamtlichen Einrichtungen des SV nicht in Anspruch nehmen.

a) Das Zuchtbuch. Das für die Zucht des Deutschen Schäferhundes geführte Zuchtbuch (SZ) bildet mit seiner in ihm erfaßten, sich immer fortsetzenden Nachkommenschaft der in der Zucht verwendeten Tiere die Grundlage für die Zucht. Um über die Abstammungsverhältnisse innerhalb der Rasse eine möglichst umfassende Kenntnis zu erlangen, muß das Zuchtbuch alle zur Rasse gehörenden, im Sinne der Zuchtordnung eintragungsfähigen Tiere erfassen, selbst wenn es sich später herausstellen sollte, daß sie aus irgendwelchen Gründen zur Zucht nicht geeignet

sind. Auch diese Hunde zu erfassen ist notwendig, weil dadurch die Voraussetzung geschaffen wird, innerhalb der Rasse umfassende Feststellungen über die Vererbung in gutem und schlechtem Sinne treffen zu können.
Aus dem Zuchtbuch ergibt sich die Ahnentafel eines Hundes, die nicht nur über die Namen und die Abstammung der einzelnen Ahnen, sondern auch über deren Arbeitsverwendung Aufschluß gibt. Sie gibt auch Auskunft über die Farbe der Geschwister, über Farbe, Ausbildungs-, Ausstellungs- und Körerfolge der Eltern, Großeltern und deren Geschwister. Im Zuchtbuch und in den Ahnentafeln werden Nachkommen aus Körzucht (Zucht aus zwei angekörten Eltern), aus Leistungszucht (Zucht aus zwei Eltern und vier Großeltern mit Ausbildungskennzeichen), besonders gekennzeichnet.
b) Das Körbuch: Durch die Körung wird eine Auslese der Zuchttiere getroffen, die ihrem Wesen, ihren Leistungen und ihrem anatomischen Aufbau zufolge in besonderem Maße zur Erhaltung und Förderung der Rasse und ihrer Arbeitstüchtigkeit besonders geeignet erscheinen. Diese werden in das Körbuch eingetragen.
Das Körbuch ist eine Ergänzung des Zuchtbuches und in Verbindung mit ihm und den Ausstellungs- und Prüfungsberichten der Ratgeber für eine zielbewußte Zucht. Die Körung wird nach den besonderen Bestimmungen durchgeführt (Körordnung).
c) Die Leistungskartei nimmt alle im Zuchtbuch oder im Register eingetragenen Tiere auf, die an einer vom SV anerkannten Leistungsprüfung teilgenommen haben.
Die Leistungskartei verzeichnet neben dem zuchtbuchmäßigen Namen des Hundes, der Zuchtbuch- oder Registernummer, seinen Ausbildungskennzeichen und der auf einer Leistungsprüfung erworbenen Gesamtbewertung, die Bewertungsergebnisse für die einzelnen Abteilungen der Prüfung, wie Fährtenarbeit, Unterordnungsleistungen und Schutzdienst.
d) Die Ausstellungskartei nimmt alle im Zuchtbuch eingetragenen Hunde auf, die an einer vom SV anerkannten Ausstellung oder Schau teilgenommen haben. Sie enthält neben dem zuchtbuchmäßigen Namen des Hundes die auf einer Ausstellung oder Schau erhaltenen Bewertungen.
e) Die Kartei der zur Zucht nicht zugelassenen Hunde enthält die Namen der Hunde und die Begründung, warum Nachkommen dieser Hunde im Zuchtbuch des SV keine Aufnahme finden. Sie wird fortgesetzt in der SV-Zeitung bekanntgegeben.
f) Das Gebrauchshund-Register enthält den Rassenmerkmalen entsprechende Hunde mit oder ohne nachgewiesene Abstammung.
Die Zuchtordnung wurde erlassen unter Auswertung der gesammelten Erfahrungen der Züchter, der Zuchtwarte, insbesondere denen des Vereinszuchtwarts, des Zuchtausschusses und des Zuchtbuchführers und

des Vorstands. Ihr liegt zugrunde das Bestreben, die Zucht gesund zu erhalten und weiter zu fördern. Sie soll richtungweisend sein für eine planmäßige Zucht. Nur bei strikter Befolgung der in der Zuchtordnung festgelegten Bestimmungen besteht die Gewähr, der Rasse zu dienen und den einzelnen Züchter vor unliebsamen Erscheinungen und Fehlschlägen zu schützen.

Die Mitglieder des SV sind verpflichtet, in ihrer züchterischen Tätigkeit die vorstehende Zuchtordnung einzuhalten und ihrem züchterischen Tun einen strengen Maßstab anzulegen, denn nur dann ist es möglich, den derzeitigen Hochstand der Zucht des Deutschen Schäferhundes zu erhalten und ihn darüber hinaus zu fördern. Das Ansehen, das deutscher Züchterfleiß dem Deutschen Schäferhund und dem SV in der Welt verschafft hat, zu erhalten und zu mehren ist die Aufgabe der Zuchtordnung.

Diese Zuchtordnung unterliegt nicht der ordentlichen Gerichtsbarkeit und ist nicht anfechtbar.

Die Schutzhundausbildung

Der Deutsche Schäferhund will beschäftigt werden. Er würde verkümmern oder seinen Tatendrang in unerwünschter Weise austoben, wenn ihm nicht ein ausreichendes Betätigungsfeld geboten wird.
Es liegt also für einen Schäferhundbesitzer nahe, sich einem Hundeverein anzuschließen, seinen Vierbeiner auszubilden und, je nach dessen Veranlagung, auf eine Schutzhundprüfung hinzuarbeiten.
Folgende Eigenschaften sind dafür Voraussetzung:
Sicheres Wesen
Führigkeit
Belastbarkeit
Mut und Kampftrieb
Schußgleichgültigkeit
Reicht die Veranlagung des Hundes nicht aus, ihn auf einer Prüfung zu führen, so tut es ihm keinen Schaden, mit ihm in den Übungsstunden grundlegende Gehorsamsübungen zu erarbeiten. Durch diese Arbeit können auch schlummernde Eigenschaften geweckt und gefördert werden. So hat mancher Hund entgegen negativer Prognosen doch noch erfolgreich seine Schutzhundprüfung abgelegt.

Die Fährtenarbeit

Der Hund ist ein ausgesprochenes »Nasentier«. Er erlebt und erfaßt seine Umwelt in erster Linie mit seinem ausgeprägten Geruchssinn, der ihm angeboren ist. Deshalb können wir bereits im Alter von drei bis vier Monaten mit dem Welpen anfangen zu fährten.
Auf keinen Fall darf Gelände benutzt werden, das gerade mit Kunstdünger bearbeitet wurde, da dieser die empfindlichen Nasenschleimhäute des Hundes stark reizt oder gar beschädigen kann.
Es gibt die verschiedensten Methoden, um dem Hund das Fährten beizubringen bzw. ihm die Menschenfährte interessant zu machen. Viele Wege führen bekanntlich nach Rom!
Hier soll die in der Praxis am häufigsten angewandte Methode kurz beschrieben werden. Wichtig ist, daß der Boden einen gewissen Feuchtigkeitsgrad aufweist.
Wir binden unseren Hund in unmittelbarer Nähe des Geschehens fest, stecken einen Markierungsstock in die Erde und treten eine Fläche von mindestens einem halben Quadratmeter mehrfach fest ab. Auf diesem sogenannten »Abgang« verteilen wir etwa drei daumenkuppengroße Fleischbröckchen. Dann gehen wir mit kleinen Schritten zunächst etwa

10 Meter weit und legen im Abstand von etwa 50 Zentimetern je ein Fleischbröckchen aus.
Der Hund wird mit wiederholtem, weich gesprochenen Hörzeichen »Such« am Abgang angesetzt. Wir halten ihn zunächst ganz kurz an einer leichten Führleine, zeigen mit dem Finger auf die abgetretene Fläche und veranlassen ihn unter ständigem aufmunternden »Such« zum Aufnehmen der Fleischbröckchen.
Wenn etwa 10 Tage in dieser Form gearbeitet worden ist, wird erkennbar sein, daß der Hund den Sinn des Begriffes »Such« erfaßt hat und bereits gern dem Hörzeichen Folge leistet, da er Angenehmes, nämlich das Auffinden des Futters, damit verbindet.
Von Anfang an muß der Welpe daran gehindert werden, stürmisch zu fährten. Die Geschwindigkeit bestimmt der Hundeführer!
Weiß der Hund, was er soll, wird etwa zwei bis drei Meter Leine gegeben, damit er ungehindert arbeiten kann. Die Länge der Spur und der Futterbrockenabstand werden ganz allmählich immer mehr vergrößert. Eine genaue Kenntnis des Fährtenverlaufs und des Spurenendes ist unbedingt erforderlich.
Als Hörzeichen bei der Fährtenarbeit benutzen wir also »Such«, ab und zu »so ist brav« und »pfui«, ist der Hund im Begriff, die Fährte zu verlassen. Sucht der Hund eine Gerade von etwa 100 Metern sicher ab, geht man dazu über, einen Winkel, zunächst in leichtem Bogen getreten, mit einzubauen.
Man beobachte ständig den Leistungsstand und hüte sich davor, den Hund zu überfordern, indem man ihm zu früh lange Fährten mit hohem Schwierigkeitsgrad anbietet. Es darf allerdings so oft wie möglich, ruhig jeden Tag, geübt werden!
Die Prüfungsordnung schreibt vor, daß zwei Gegenstände (z. B. Geldbörse, Lederröllchen, Handschuh) auf der meist in U-Form getretenen dreischenkligen Fährte abgelegt und vom Hund aufgenommen oder verwiesen werden sollen. In der Praxis hat sich das Verweisen mehr und mehr durchgesetzt, d. h. der Hund muß an dem gefundenen Gegenstand verharren und diesen sitzend, stehend oder liegend seinem Führer anzeigen. Es ist anzuraten, den Hund am Fundort Platz machen zu lassen. Dieses kann jedoch erst in die Sucharbeit einbezogen werden, wenn der Hund unterordnungsmäßig die Platzübung beherrscht.
Unser Ziel ist es zunächst, daß der Hund eine etwa 400 Schritt lange 20 Minuten alte Führerfährte mit zwei Winkeln und zwei Gegenständen sauber absucht (SchH I). Bei den Prüfungsstufen II und III haben wir es mit sogenannten Fremdfährten zu tun.

Am Ansatz der Fährte nimmt der Hund Witterung auf. Hörzeichen »Such«

Mit tiefer Nase beginnt der Hund zu fährten

Die Fährte wird einwandfrei ausgearbeitet. Die 10 Meter lange Suchleine ist ausgelaufen

Ein Gegenstand ist gefunden und wird in der Stellung »Sitz« verwiesen

Der Hundeführer hält den Gegenstand hoch

Der Hund nimmt die Suche wieder auf

Der Hund arbeitet einen Winkel im Fährtenverlauf aus

Nach der Winkelarbeit sucht der Hund zügig weiter

Unterordnung

Leinenführigkeit und Freifolge

Im Alter von acht bis zehn Monaten kann man mit den Unterordnungsübungen beginnen.
Den Begriff »Sitz« hat der Hund bereits erfaßt (siehe Kapitel »erste Gehorsamsübungen«). Wir können ihn also bereits neben uns absitzen lassen (Grundstellung) und beginnen dann mit der Leinenführigkeit.
Hörzeichen »Fuß«, ein kurzer Ruck an leicht durchhängender Führleine, und wir marschieren in flotter Gangart geradeaus. Der Hund soll so neben uns laufen, daß seine rechte Schulter etwa unser linkes Knie berührt. Die Leine kann zum Üben in der rechten Hand gehalten werden, damit die linke frei ist zum Kraulen und zum aufmunternden Klopfen auf den linken Oberschenkel. Prellt der Hund vor oder weicht seitlich ab, wird mit Leinenruck und Hörzeichen »Fuß« korrigiert.
Die Leinenführigkeit wird zunächst, bis der Hund begriffen hat, auf einer langen Gerade jeweils am Ende mit Rechtskehrtwendungen geübt. Führer und Hund können sich so am besten aufeinander einstellen. Der Hund soll freudig mitlaufen, wir sprechen viel mit ihm und loben ihn, wenn er korrekt »bei Fuß« geht.
Als Nächstes wird der Schrittwechsel eingebaut. Jeweils beim Wechsel der Gangart, die aus Normalschritt, Laufschritt und Langsamschritt besteht, wird das Hörzeichen »Fuß« gegeben.

Beginn der Ausbildung
»Ruhiges Stehen vor dem Führer«

Grundstellung

Leinenführigkeit, Hörzeichen »Fuß«

Beim langsamen Schritt heißt es langgezogen »F u u u ß«, um den Hund einzustimmen. Die schnelle und langsame Gangart wird immer nur auf der Geraden ausgeführt, niemals in Verbindung mit Winkeln und Kehrtwendungen.
Als Nächstes üben wir die Winkel. Beim Linkswinkel wird anfangs das linke Knie zu Hilfe genommen, das den Hund herumschiebt. Beim Rechtswinkel erfolgt ein kurzer Ruck an der Leine und anschließendes Lob. Jeder Leinenruck muß durch das Hörzeichen »Fuß« ergänzt werden. Schwierig wird es bei der Linkskehrtwendung, die man sich am besten von einem erfahrenen Sportfreund

»Fuß« – Rechtswinkel

»Fuß« – Linkswinkel

»Fuß« – Freifolgen

zeigen läßt. Zwischendurch läßt man den Hund immer mal neben sich absitzen.
Klappt die Leinenführigkeit, was eine geraume Zeit in Anspruch nehmen wird, können wir dazu übergehen, die gleichen Übungen ohne Leine vorzunehmen. Ein etwa 20 Zentimeter langes »Bändchen«, am Halsband befestigt, leistet hier beste Hilfe, wenn eine Korrektur nötig ist.

Sitzübung

Der Hund geht bei Fuß. Aus der Bewegung erhält er das Hörzeichen »Sitz«. Wir entfernen uns etwa 30 Schritt, um ihn nach kurzem Verharren abzuholen, indem wir um ihn herumgehen und an seiner rechten Seite Grundstellung beziehen.
Die Übung beginnt, indem wir dem neben uns stehenden Hund das ihm bereits vertraute Hörzeichen »Sitz« geben. Wir sprechen mit ihm, z. B. »schön sitz«. Vorsicht mit heftigem Lob, das ihn zum Aufstehen veranlassen könnte. Wir gehen einen Schritt vor, wieder zum Hund, streicheln ihn und dasselbe noch einmal. Niemals dürfen wir an einem Tag zuviel verlangen.
Die Übung wird fortgeführt, indem wir uns immer weiter vom sitzenden Hund entfernen. Haben wir wieder neben ihm Aufstellung genommen, wird er gelobt und liebevoll gestreichelt. Niemals darf er ohne Aufforderung die Sitzposition verlassen. Entweder heißt es »Fuß«, wollen wir weitergehen, oder »Lauf«, wenn wir den Übungsabschnitt beenden wollen, und der Hund sich tummeln darf.
Wenn unser Hund begriffen hat, was wir von ihm wollen, können wir langsam die Schrittzahl bis auf 30 Meter ausdehnen, kurz in Richtung Hund stehenbleiben, um ihn dann, wie beschrieben, abzuholen.
Jetzt gilt es nur noch, ihn aus der Bewegung absitzen zu lassen. Zunächst gehen wir langsam etwa 10 Schritt

Hörzeichen »Sitz«

und geben dann das Hörzeichen »Sitz«. Nach einigen Übungsstunden hat der Hund begriffen, und wir können flott durchgehen. Dann wäre die Übung perfekt. Notwendige Korrekturen mit Bedacht und ohne Hektik vornehmen, der Hund darf keineswegs eingeschüchtert werden!

Platzübung

Beim Einüben der Platzübung wird der Hund, bis er es begriffen hat, mit Hörzeichen »Platz« und Ruck an kurzer Leine in Richtung Boden gezogen und sein Hinterteil praktisch umgeworfen. Sobald er liegt, unterbleibt jeglicher Zwang, er wird gestreichelt und gelobt. Er darf sich nicht selbständig erheben, das Kommando muß durch »Lauf«, »Komm« oder später durch »Sitz« (Grundstellung) wieder aufgehoben werden. Anfangs den Hund nicht zu lange liegenlassen, die Zeit Schritt für Schritt ausdehnen und den Abstand vom liegenden Hund langsam vergrößern.
Später muß er abliegen, wenn ein anderer Hund seine Unterordnung absolviert. Auch das muß er langsam lernen, d. h., wir dürfen uns anfangs nicht zu weit von ihm entfernen. Vor allem darf der abliegende Hund keine Sekunde aus den Augen gelassen werden. Eventuell muß an der 10-

Hörzeichen »Platz«

Meter-Leine gearbeitet werden, bis man sicher sein kann, daß er korrekt liegenbleibt.

Klappt die Ablage, und können wir uns ohne weiteres vom Hund entfernen, wird das Abrufen in die Unterordnung eingebaut.

Aus der Bewegung heißt es nach 10 Schritten »Platz«. Wir gehen etwa 40 Meter geradeaus und drehen uns zum Hund um. Nach 15 Sekunden heißt es »Hier«, was wir, wenn nötig, anfangs durch Händeklatschen unterstützen. Jetzt müssen wir darauf bedacht sein, daß der Hund vor uns zum Sitzen kommt. Die ersten Male hält man ihm mit einem unterstützenden »Sitz« ein Leckerchen hoch, läuft

»Platzübung«

Hörzeichen »Steh«

auch ein paar Schritte rückwärts, wenn er zu stürmisch ankommt. Nachdem der Hund vorsitzt, geben wir Hörzeichen »Fuß«. Er muß hinter uns herumgehen und neben uns in Grundstellung absitzen, damit ist die Übung beendet.

Stehübung

Sie ist ein Teil der SchH III-Prüfung. Das »Steh« gehört nicht zur Grundausbildung und wird deshalb hier nicht näher erläutert. In diesem Buch soll lediglich dem Anfänger ein Einstieg in den Hundesport vermittelt werden.

Apportieren

Man kann es als das schwierigste Kapitel der Hundeausbildung bezeichnen!
Es gibt einige gute Methoden, die man je nach Veranlagung des auszubildenden Hundes anwenden kann. Sie alle aufzuzählen würde den Rahmen dieses Buches sprengen.
Hier soll das Spielbringen beschrieben werden, das allerdings voraussetzt, daß die Spieltriebförderung früh eingesetzt hat und intensiv betrieben wurde. Fast jeder Hund läuft einem fortgeworfenen Gegenstand freudig hinterher, um ihn zu schnappen und auch, bei entsprechender Förderung,

Das Bringholz wird aufgenommen ...
Hörzeichen »Bring«

... und abgegeben
Hörzeichen »Aus«

dem Führer zu bringen. Die eigentliche Schwierigkeit besteht in dem korrekten Abgeben, das ja dem natürlichen Trieb des Hundes widerspricht.
Wir gehen einmal davon aus, daß unser Hund begriffen hat: Ein Stöckchen, das er uns wiederbringt und sich abnehmen läßt, wird sofort wieder weggeworfen. Das Spiel wird also fortgesetzt. Sofort mit einbauen: Stock hochhalten und »Sitz«. Sitzt der Hund dicht vor uns, bekommt er das Stöckchen und darf damit spielen. Wir variieren also, und bei diesen spielerischen Übungen heißt es immer wieder »Bring«, sobald das Hölzchen fortgeworfen wird.
Bald besorgen wir uns zum täglichen Üben ein eigenes Apportierholz. Der Hund muß schließlich so darauf fixiert sein, daß es sein ein und alles bedeutet. Dann haben wir gewonnen.
Wir setzen die 10-Meter-Leine ein, um den Hund immer unter Kontrolle zu haben und ihn, wenn nötig, zu uns ziehen zu können, um dann mit »Aus« das Abgeben korrekt zu üben.
Letztendlich kommt es auf das Geschick und Einfühlungsvermögen des Hundeführers an, wie er es versteht, diese anfängliche Motivation bis zur korrekten Bringübung auszubauen.
Haben wir es geschafft, daß der Hund vorsitzt und abgibt, müssen wir die beiden letzten Übungsteile einbauen: das Herumkommen (siehe Platz-

übung »Hereinkommen«) und das Sitzenbleiben, bis das Hörzeichen »Bring« gegeben wird.
Für den Hundeführer, der es bis hierhin geschafft hat, dürften diese beiden Übungen nicht mehr schwierig sein.

Springen

Hunde springen von Natur aus gern. Mit dieser Übung sollte nicht zu früh begonnen werden, damit der Hund keinen körperlichen Schaden davonträgt.
Wir beginnen an einer Hürde mit abnehmbaren Elementen mit einer Höhe von etwa 50 Zentimetern. Mit angeleintem Hund und Hörzeichen »Hopp« überspringen wir zunächst gemeinsam das Hindernis. Nach einem Hinsprung erfolgt immer ein Rücksprung. Dann laufen wir noch mit, aber neben der Hürde her. Allmählich wird aufgestockt, bis der angeleinte Hund, ohne aufzusetzen, die komplette Meterhürde überspringt.
Dann binden wir das Bringen mit in die Übung ein, zunächst auch noch mit Leine. Nach erfolgtem Rücksprung laufen wir ein paar Schritte rückwärts, damit der Hund vor uns absitzen kann. Mit »Aus« und »Fuß« wird die Übung beendet.
Wenn wir soweit sind, daß ein zuver-

»Hopp« – und freier Sprung über die Hürde ...

... und zurück zum Führer

Grundstellung. Die Übung ist beendet

lässiges Bringen erwartet werden kann, arbeiten wir ohne Leine. Der Hund muß neben uns sitzen bleiben und das Hörzeichen »Hopp, Bring« abwarten. Es darf ihm nicht gelingen, um die Hürde herumzukommen. Dann muß er abgefangen und durch Mitlaufen zum Rücksprung veranlaßt werden. Den Hinsprung kann man anfangs sicherstellen, indem man ein bis zwei Schritte in Richtung Hürde macht.

Die verstellbare Kletterwand wird zu Beginn der Übung sehr flach gestellt, damit der Hund, zunächst ebenfalls mit Leine und nebenherlaufendem Führer, mehr läuft als springt. Ganz allmählich wird die Wand schräger

Hinsprung über die Kletterwand. Hörzeichen »Hopp«

Rücksprung mit Bringholz. Hörzeichen »Bring«

So klettert man richtig

gestellt, damit der Hund lernt, sie kletternd und nicht springend zu überwinden. Ansonsten wird verfahren wie beim Bringen über die Hürde.
Der Klettersprung wird erst geübt, wenn der Hund die SchH I-Prüfung bestanden hat. Dieser Sprung ist Bestandteil der beiden höheren Prüfungsstufen.

Voraus

Es dauert relativ lange, bis der Hund diese Übung voll erfaßt hat und sie korrekt und ohne Hilfe ausführt. Jeder Übungsplatz hat einen ganz bestimmten Punkt, wohin die Hunde vorausgeschickt werden, und wo in etwa das Kommando »Platz« erfolgt. Der Hund wird etwa 20 Meter vor diesem Punkt abgelegt. Wir entfernen uns bis zu dem Punkt und legen dort einen auffälligen Gegenstand (Hut oder Jacke) ab. Wir müssen den Hund so motivieren, daß er neugierig wird und dorthin gelangen möchte. Wir gehen also schnellen Schrittes zu ihm zurück, halten ihn am Halsband fest, sagen möglichst geheimnisvoll »Voraus« und lassen ihn sofort frei, wenn er das Bestreben hat, zu dem Gegenstand zu laufen. Dort angekommen wird er verharren und schnüffeln. Wir haben uns inzwischen genähert und befehlen »Platz«. Jetzt wird tüchtig ge-

lobt, gekrault und ein Leckerchen gereicht.
Es kommt darauf an, dem Hund zu verdeutlichen, daß das Platzmachen an dem Gegenstand eine angenehme Sache ist. Richtungweisend wird mit dem Hörzeichen der rechte Arm gehoben.
Hat der Hund begriffen, was, wie gesagt, nicht unbedingt von heute auf morgen erreicht wird, verlängern wir die Entfernung, bis der Hund eine Strecke von etwa 40 Metern zurückzulegen hat.
Die Vorausübung erfordert viel Geduld und manchmal auch eine Hilfsperson am Ablegeplatz, wenn die Motivation durch den Gegenstand nicht ausreicht. Im fortgeschrittenen Stadium wird nichts mehr abgelegt, der Hund muß das Hörzeichen »Platz« frei ausführen. Eine Belohnung sollte allerdings immer noch erfolgen. Keinesfalls darf ein Futterbrocken ausgelegt werden! Der Erfolg wäre Schnüffeln, Suchen und unkorrektes Platzmachen.

Schußgleichgültigkeit

Vom Deutschen Schäferhund wird auf Prüfungen und Austellungen Schußgleichgültigkeit verlangt. Sie wird durch Abgabe von mehreren Schüssen aus einer 6 mm Schreckschußpistole überprüft.
Es sind unterschiedliche Verhaltens-

Völlig unbefangen geht unser Hund frei bei Fuß, während zwei Schüsse fallen

weisen bei den Hunden zu beobachten, auf die eingegangen werden muß. Am besten besorgt man sich eine Kinderpistole, mit der man bereits den Welpen im Garten mit dem harmlosen Knall vertraut macht. Er soll sich gleichgültig verhalten, und wir müssen deshalb dafür sorgen, daß er abgelenkt wird und den Knall gar nicht oder kaum registriert.
Ein so vorbereiteter Hund wird auf dem Übungsplatz bei den Schußproben selten Probleme aufwerfen. Man läßt die Schüsse anfangs nur von einem erfahrenen Sportfreund abgeben, mit dem man vorher den Zeitpunkt abgesprochen hat.

Der Schutzdienst

Der Erfolg dieser Ausbildung steht und fällt mit einem guten Helfer, auch Scheintäter oder Figurant genannt. Die Methoden sind vielfältig und man tut gut daran, nicht zu wechseln und die Grundausbildung mit dem einmal gewählten Helfer durchzuführen.
Hier soll der Ablauf kurz beschrieben werden, die Ausbildung selbst wird in Zusammenarbeit mit dem Helfer programmiert und individuell auf die Veranlagung des einzelnen Hundes abgestimmt.
Zunächst wird der junge Hund mit einem Jutesack angereizt, er lernt das

Der Hund wird vom Helfer angereizt. Er wird an der Leine gehalten und aufgemuntert, »Beute« zu machen

Der Hund ist in Erregung; er will die »Beute« fassen

Der Helfer überläßt im Weglaufen dem Hund die Beute

Der Helfer bedroht Hund und Führer; er täuscht einen Angriff vor

Der Hund faßt hart und energisch zu

Der Helfer überfällt Führer und Hund. Der Hund faßt ohne zu zögern hart zu

Der Hund erhält zwei Stockschläge

Der Hund kämpft weiter, bis der Helfer stehenbleibt

Durchsuchung des Helfers; der Hund läßt ihn nicht aus den Augen

Der Helfer wird abgeführt

Beutemachen bzw. Beutebeißen. Während der Zahnung (etwa zwischen dem vierten und siebten Lebensmonat) sollte die Hetzarbeit unterbleiben.
Hat der Hund gelernt, den Sack energisch zu fassen und zu schütteln, wird die Arbeit am sogenannten Junghundarm fortgesetzt und der Wehrtrieb angesprochen.
Je nach Lernvermögen und Kampftriebveranlagung werden nach und nach die verschiedenen Abteilungen des Schutzdienstes durchgearbeitet. Zeigt der Hund durch hartes und energisches Zufassen, daß er eine gewisse Sicherheit erlangt hat, muß das Ablassen geübt werden. Hier kommt

Der Hund setzt zum Angriff auf den mit drohenden Bewegungen auf ihn zulaufenden Helfer an

Trotz drohender Bewegungen des Helfers faßt der Hund hart und energisch zu

es wieder verstärkt auf das Einfühlungsvermögen der Ausbilder an, dieses dem Hund beizubringen, ohne ein Fehlverhalten auszulösen. Der Hund muß lernen: Scheintäter in Bewegung – ich darf beißen, Helfer im Stillstand – ich muß ablassen.

Die Übung »Stellen und Verbellen« ist ein schwieriges Kapitel. Hier kommen die unterschiedlichsten Methoden zur Anwendung. Der Hund soll den im Versteck stehenden Helfer anhaltend verbellen, bis er vom Führer abgeholt oder abgerufen wird. Eine reine Gehorsamsübung stellt die Streife nach dem Scheintäter dar. Nicht das Schnelle Auffinden des Helfers ist erwünscht, sondern der Hund

Verbellen des aufgespürten Helfers

Die Durchsuchung des Helfers

Während der Hundeführer das Versteck nach weggeworfenen Gegenständen durchsucht, unternimmt der Helfer einen Fluchtversuch

Ohne zu zögern setzt der Hund nach

Durch hartes und energisches Zufassen hat der Hund den Fluchtversuch vereitelt

Nach dem Ablassen des Hundes auf das Hörzeichen »Aus« unternimmt der Helfer einen Angriff auf den Hund

soll auf Anweisung des Hundeführers fünf der Verstecke systematisch abstreifen bzw. umlaufen. Im sechsten und letzten Versteck soll er den dort stehenden Helfer stellen und verbellen.

Mit einem biegsamen Stock erhält der Hund zwei Stockschläge auf unempfindliche Körperteile. Anschließend hat er auf das Hörzeichen »Aus« erneut abzulassen

Der Rücktransport. Der Hundeführer folgt dem Helfer mit frei bei Fuß gehendem Hund in einem Abstand von fünf Schritten

Die Prüfungsordnung

Jede Schutzhundprüfung ist nach der gültigen Prüfungsordnung durchzuführen und kann nur von einem zugelassenen Leistungsrichter abgenommen werden.
In der Prüfungsordnung sind alle Anforderungen zusammengestellt, die der Schutzhund zu erfüllen hat.
Da das vorliegende Buch der Aufzucht, Pflege und Ausbildung des Deutschen Schäferhundes gewidmet ist, folgt auszugsweise die Prüfungsordnung des Vereins für Deutsche Schäferhunde mit

1. Allgemeine Bestimmungen
2. Schutzhundprüfung Stufe I (SchH I) und
3. Schutzhundprüfung Stufe III (SchH III)

Die komplette Prüfungsordnung kann beim Verein für Deutsche Schäferhunde (SV) e.V., Steinerne Furt 71, 86167 Augsburg, bezogen werden.

Prüfungsordnung des Verbandes für das deutsche Hundewesen (VDH);
Ausgabe Verein für Deutsche Schäferhunde (SV) e.V.

Allgemeine Bestimmungen

A. Prüfungsstufen

Die Prüfungsordnung ist unterteilt in:

Schutzhundprüfung A	(SchH A)
Schutzhundprüfung Stufe I	(SchH I)
Schutzhundprüfung Stufe II	(SchH II)
Schutzhundprüfung Stufe III	(SchH III)
Fährtenhundprüfung	(FH)

B. Zulassungsbestimmungen

Das Zulassungsalter beträgt bei

Schutzhundprüfung A	14 Monate
Schutzhundprüfung Stufe I	14 Monate
Schutzhundprüfung Stufe II	16 Monate
Schutzhundprüfung Stufe III	18 Monate
Fährtenhundprüfung	16 Monate

An einem Prüfungstag mit einem Richter können bis maximal zehn Hunde zugelassen werden. Wird diese Zahl bei der Anmeldung überschritten, so ist die Prüfung um einen halben oder ganzen Tag zu verlängern oder es sind weitere Richter hinzuzuziehen. Hunde können an einem

Prüfungstermin nur zu einer Stufe zugelassen werden. Hat ein Hund sein Ausbildungskennzeichen erhalten, so darf er zur nächsten höheren Prüfungsstufe erst nach sechs Wochen zugelassen werden. Ist die Stufe III erreicht, so ist es jedem Hundeführer (HF) freigestellt, wann er seinen Hund zu weiteren Prüfungen vorführt. »Zurückgestufte Hunde werden in der Wertungsreihenfolge hintenangestellt.« Es steht jedem HF frei, eine abgelegte Prüfung ohne Einhaltung einer bestimmten Frist zu wiederholen, jedoch nicht innerhalb der gleichen Prüfung. Es ist nicht statthaft, daß ein HF am gleichen Tag bei zwei verschiedenen der AZG angeschlossenen Vereinen oder Verbänden an Prüfungen teilnimmt.

Es dürfen nur gesund erscheinende Hunde zur Prüfung geführt werden. Vor der Zulassung zu einer Schutzhundeprüfung (SchH.A, I–III) und einer Fährtenhundprüfung sind alle gemeldeten Hunde einer Unbefangenheitsprobe zu unterziehen. Die Beurteilung erfolgt auch während der gesamten Prüfung. Hunde, die die Unbefangenheitsprobe nicht bestehen, sind von der weiteren Prüfung ausgeschlossen.

C. Punktzahlen und Bewertungen

In jeder Abteilung werden als Höchstpunktzahl 100 Punkte vergeben, so daß die Höchstpunktzahl 300 beträgt. Ein Ausbildungskennzeichen kann nur vergeben werden, wenn der Hund in den Abteilungen A und B mindestens je 70 Punkte und in der Abteilung C 80 Punkte erreicht hat.

Nachfolgende Wertnoten können vergeben werden, wenn die vorstehenden Mindestpunktzahlen erreicht werden:

0 bis 109 Punkte	Ungenügend
110 bis 219 Punkte	Magelhaft
220 bis 239 Punkte	Befriedigend
240 bis 269 Punkte	Gut
270 bis 285 Punkte	Sehr gut
286 bis 300 Punkte	Vorzüglich

Bei Punktgleichheit mehrerer Hunde entscheidet die errungene Punktzahl der Abteilung C. Führt diese nicht zu einer Klärung, so entscheiden die erworbenen Punkte in der Abteilung B.

Für die SchH A-Prüfung beträgt die Höchstpunktzahl 200. Die Prüfung gilt als bestanden, wenn in Abteilung B mindestens 70 und in Abteilung C mindestens 80 Punkte erreicht werden. Nachfolgende Wertnoten können vergeben werden:

0 bis 72 Punkte	Ungenügend
73 bis 149 Punkte	Mangelhaft
150 bis 159 Punkte	Befriedigend
160 bis 179 Punkte	Gut
180 bis 190 Punkte	Sehr gut
191 bis 200 Punkte	Vorzüglich

D. Verhalten der Prüfungsteilnehmer

Bei Prüfungsbeginn hat sich jeder Teilnehmer nach Aufruf in sportlicher Haltung mit angeleintem, erziehungsweise frei bei Fuß sitzendem Hund unter Nennung seines Namens und des Namens des Hundes dem amtierenden Richter zu melden. Die Ahnentafel des Hundes oder dessen Registrierschein sowie das Beurteilungs- und Bewertungsheft oder der Leistungsnachweis ist vor Beginn der Prüfung beim Prüfungsleiter zu hinterlegen.
Bei FH-Prüfungen ist durch Vorlage des Bewertungsausweises der Nachweis einer bestandenen SchH I-Prüfung zu erbringen.
Zur FH-Prüfung können auch Hunde zugelassen werden, die keine SchH I-Prüfung abgelegt und bestanden haben, jedoch muß eine bestandene Prüfung für verkehrssichere Begleithunde (VB) nachgewiesen werden. Bei dieser Prüfung wird kein Ausbildungskennzeichen im Sinne der Zucht-, Schau- und Körordnung der Rassehunde-Zuchtvereine vergeben.
Sofern von dem veranstaltenden Verein oder Verband die Teilnahmeberechtigung an einer Prüfung von der Vereins- oder Verbandszugehörigkeit abhängig gemacht wird, ist ein gültiger Mitgliedsausweis vorzuzeigen.
Jeder Teilnehmer hat sich den Anordnungen des amtierenden Richters sowie der Prüfungsleitung widerspruchslos zu fügen. Der HF muß seinen Hund in sportlich einwandfreier Weise vorführen. Böswillige Verstöße können die weitere Teilnahme ausschließen. Die Entscheidung hierfür hat in allen Fällen der amtierende Richter, sie ist unanfechtbar. Die Entscheidung des oder der Richter ist endgültig. Ein Einspruch dagegen ist nicht zulässig.
Das Tragen von Stachelhalsbändern ist untersagt. Der HF darf seinen Hund nur einmal nach Beendigung jeder Übung loben.
Körperhilfen des HF sind nicht gestattet; werden sie angewandt, erfolgt Punktabzug.

E. Aufgaben des Prüfungsleiters

Der Prüfungsleiter hat vor Beginn der Prüfung dem vom zuständigen Verein/Verband berufenen Richter die Terminschutzbestätigung des zuständigen Vereins oder Verbandes vorzulegen. Er hat dem Richter die für die Prüfung erforderlichen Richterbücher auszuhändigen, in dem alle erforderlichen Angaben eingetragen sein müssen.
Der Prüfungsleiter hat für ein geeignetes und der Prüfungsordnung entsprechendes Fährtengelände zu sorgen und die erforderliche Zahl von fachkundigen Fährtenlegern bereitzustellen.
Er hat für ein ausreichendes Gelände zur Durchführung der Unterordnungsleistungen und des Schutzdien-

stes zu sorgen. Er ist für Bereitstellung eines bzw. zweier ausgebildeter Helfer mit sicherer Schutzbekleidung sowie der nötigen Übungsgeräte verantwortlich. Mindestens vier Personen sind für eine zu bildende Gruppe bereitzustellen. Der Prüfungsleiter hat einen ordnungsgemäßen Ablauf der Prüfung zu gewährleisten und für die Gesamtzeit der Prüfung dem amtierenden Richter zur Verfügung zu stehen. Er muß besorgt sein, daß Bewertungslisten und Bewertungsnachweise in ausreichender Zahl und bereits vorbereitet zur Hand sind.

Schutzhundprüfung Stufe I (SchH I)

Abteilung A Leistungen in der Fährtenarbeit

Höchstpunktzahl 100,
Hörzeichen »Such«
Verlorensuche auf einer ungefähr 300 bis 400 Schritt langen, mindestens 20 Minuten alten HF-Fährte mit zwei Gegenständen an 10 Meter langer Fährtenleine oder freisuchend.

Die HF-Fährte enthält zwei rechte Winkel. Der Richter bestimmt unter Anpassung an das vorhandene Fährtengelände den Verlauf der Fährte. Die Abgangsstelle der Fährte muß gut gekennzeichnet sein durch ein Schild, welches links von der Abgangsstelle in den Boden gesteckt wird. Nachdem der HF am Abgang der Fährte einige Zeit verweilt hat, geht er den vom Richter vorgeschriebenen Weg und legt den ersten Gegenstand ungefähr in der Mitte des ersten oder zweiten Schenkels ab, ohne seine Gangart zu unterbrechen. Der zweite Gegenstand wird am Ende der Fährte abgelegt. Der Fährtenleger entfernt sich noch einige Schritt in gerader Richtung, um dann abseits der Fährte zurückzukommen. Der HF kann die Fährte von seinem Hund frei oder an der zehn Meter langen Fährtenleine ausarbeiten lassen. Beide Arten werden gleich bewertet.

Ausführungsbestimmungen:
Der HF hat vor dem Fährtenlegen dem Richter die Gegenstände zu zeigen. Es dürfen nur Gebrauchsgegenstände benutzt werden, die die Größe einer Brieftasche nicht überschreiten und sich in der Farbe nicht wesentlich vom Gelände abheben. Sogenannte »Suchpäckchen« sind bei Prüfungen nicht zu verwenden, dagegen können Geldbörsen, Brillentaschen usw. Verwendung finden. Während des Legens der Fährte ist der Hund in Deckung abzulegen. Der Fährtengeruch soll beim Ablegen eines Gegenstandes möglichst nicht verändert werden. Der Fährtenleger darf nicht scharren oder stehenbleiben. Die Gegenstände sollen nicht neben, sondern auf die Fährte gelegt werden.

Der HF begibt sich zu seinem Hund und bereitet ihn zur Fährtenarbeit vor. Nach Aufruf meldet er sich mit seinem Hund beim Richter und gibt an, ob sein Hund die Gegenstände aufnimmt oder verweist. Beides zusammen, also Aufnehmen und Verweisen, ist fehlerhaft. Auf Anweisung des Richters wird der Hund langsam und ruhig zur Abgangsstelle geführt und angesetzt. Vor der Fährtenarbeit, während des Ansetzens und der ganzen Fährtenarbeit ist jeglicher Zwang zu vermeiden. Beim Ansetzen ist dem Hund genügend Zeit zur Witterungnahme zu geben. Es muß alles vermieden werden, was in dem Hund den Drang zum Vorwärtsstürmen erweckt.

Der Hund hat ruhig mit tiefer Nase Witterung zu nehmen. Sobald der Hund zu fährten beginnt, bleibt der HF stehen und läßt die vorgeschriebene zehn Meter lange Fährtenleine durch die Hand gleiten. Er folgt seinem Hund und hat den Abstand von etwa zehn Metern – auch bei der Freisuche – beizubehalten. Sobald der Hund einen Gegenstand gefunden hat, muß er ihn ohne Einwirkung des HF sofort aufnehmen oder überzeugend verweisen. Er kann beim Aufnehmen stehenbleiben, sich setzen oder auch zum HF kommen. Jegliches Vorgehen mit dem Gegenstand oder Aufnehmen im Liegen ist fehlerhaft. Das Verweisen kann liegend, sitzend oder stehend geschehen. Der HF läßt die Fährtenleine fallen und begibt sich sofort zu seinem Hund. Durch Hochheben des Gegenstandes zeigt er an, daß der Hund gefunden hat. Hierauf setzt der HF mit seinem Hund die Fährtenarbeit fort. Nach Beendigung der Fährtenarbeit sind die Gegenstände dem amtierenden Richter vorzuzeigen.

Es ist statthaft, daß der Hundeführer zum Hund, der den Gegenstand aufgenommen hat, tritt; fehlerhaft ist das Weiterlaufen des Hundes mit dem Gegenstand.

Die Fährtenleine darf, wenn sie vom HF nicht aus der Hand gelassen wird, durchhängen.

Bewertung:

Fehlerhaftes Ansetzen, Faseln, häufiges Kreisen an den Winkeln, dauernde Aufmunterungen, unsauberes Aufnehmen oder Verweisen, Fallenlassen des Gegenstandes werden mit Punktabstrich bis zu 4 Punkten geahndet. Wiederholtes Ansetzen oder starkes Faseln, Fährten mit vorwiegend hoher Nase, stürmisches Fährten, Entleeren, Mäusefangen und ähnliches haben Abstriche bis zu 8 Punkten zur Folge. Für einen unrichtig aufgenommenen bzw. verwiesenen Gegenstand werden 4 Punkte, für jeden nicht gefundenen Gegenstand 10 Punkte abgezogen.

Beim Bringen oder Verweisen nicht vom Fährtenleger ausgelegter Gegenstände werden vier Punkte abgezogen.

Überschießen der Winkel ist kein Fehler, weil je nach der Windrichtung und Windstärke die Fährtenwitterung über den Winkel hinausgetragen wird.

Abteilung B Unterordnungsleistungen

Höchstpunktzahl 100
Jede Einzelübung beginnt und endet mit der Grundstellung.

1. Leinenführigkeit und Unbefangenheit (15 Punkte), Hörzeichen »Fuß«

Von der Grundstellung aus hat der am Halsband angeleinte Hund seinem HF auf das Hörzeichen »Fuß« freudig zu folgen. Zu Beginn der Übung hat der HF mit seinem Hund 40 bis 50 Schritte geradeaus zu gehen, ohne zu halten, eine Kehrtwendung zu machen und nach 10 bis 15 Schritten den Laufschritt und den langsamen Schritt zu zeigen, mindestens jeweils 10 Schritte. Der Hund hat stets mit dem Schulterblatt in Kniehöhe an der linken Seite des HF zu bleiben, er darf nicht vor, nach oder seitlich laufen.
Im gewöhnlichen Schritt sind mindestens eine Rechts-, Links- und Kehrtwendung auszuführen. Die Kehrtwendung ist vom HF als Linkskehrtwendung zu zeigen.
Nur beim Angehen und beim Wechsel der Gangart ist dem HF das Hörzeichen »Fuß« gestattet. Bleibt der HF stehen, hat der Hund sich schnell ohne Einwirkung des HF zu setzen. Der HF darf hierbei seine Grundstellung nicht verändern und insbesondere nicht an den evtl. abseits sitzenden Hund herantreten. Die Führleine soll während des Führens in der linken Hand gehalten werden und muß lose durchhängen. Auf Anweisung des LR geht der HF mit seinem Hund durch eine Gruppe von mindestens vier Personen. Der Hundeführer hat in der Gruppe mindestens einmal zu halten. Die Gruppe hat sich durcheinanderzubewegen.
Zurückbleiben, Vordrängen, seitliches Abweichen des Hundes sowie zögerndes Verharren des HF bei den Wendungen sind fehlerhaft.

2. Freifolgen (20 Punkte), Hörzeichen »Fuß«

Auf Anordnung des Richters wird der Hund aus der Bewegung abgeleint. Der HF hängt sich die Führleine um die Schulter oder steckt sie in die Tasche und begibt sich mit seinem freifolgenden Hund sofort wieder in die Personengruppe, um dort mindestens einmal anzuhalten. Nach Verlassen der Gruppe nimmt der HF kurz die Grundstellung ein und beginnt dann die Freifolge analog der Festlegungen zu Übung 1. Während der HF mit dem freifolgenden Hund die oben beschriebene Übung ausführt (nicht aber beim Gehen durch die Gruppe), sind zwei Schüsse abzugeben. Der Hund hat sich schußgleichgültig zu verhalten.
Zeigt sich der Hund schußscheu, scheidet er sofort von der Prüfung aus. Zeigt der Hund auf den Schuß Angriffslust, so ist das bedingt fehlerhaft, sofern er noch in der Hand des HF steht. Volle Punktzahl kann nur der schußgleichgültige Hund erhalten.

Ausführungsbestimmungen:
Auf Schußgleichgültigkeit muß besonderer Wert gelegt werden. Die Schüsse werden in einer Entfernung von fünfzehn Schritt abgegeben, und zwar zwei Schüsse im Abstand von zehn Sekunden. Läuft der Hund auf den Schuß weg, ist er von der weiteren Prüfung auszuschließen.
Glaubt der Richter, bei einem Hund Schußempfindlichkeit zu erkennen, steht es ihm frei, ihn durch Abgabe weiterer Schüsse zu erproben.
Die Prüfung auf Schußgleichgültigkeit ist nur bei den Übungen »Freifolgen« und »Ablegen unter Ablenkungen« vorzunehmen.

3. Sitzübung
(10 Punkte), Hörzeichen »Sitz«

Von der Grundstellung aus geht der HF mit seinem frei bei Fuß folgenden Hund geradeaus. Nach mindestens zehn Schritt hat sich der Hund auf das Hörzeichen »Sitz« schnell zu setzen, ohne daß der HF seine Gangart unterbricht oder sich umsieht. Nach weiteren dreißig Schritt bleibt der HF kurz stehen und dreht sich sofort zu seinem Hund um. Auf Anweisung des Richters geht der HF zu seinem Hund zurück und nimmt an dessen rechter Seite Grundstellung ein. Wenn der Hund, anstatt zu sitzen, sich legt oder stehenbleibt, werden hierfür 5 Punkte abgezogen.

4. Ablegen in Verbindung mit Herankommen
(10 Punkte),
Hörzeichen »Platz«/»Hier«/»Fuß«

Von der Grundstellung aus geht der HF mit seinem Hund auf das Hörzeichen »Fuß« geradeaus. Nach mindestens zehn Schritt hat sich der Hund auf das Hörzeichen »Platz« schnell hinzulegen. Ohne andere Einwirkungen auf den Hund und ohne sich umzudrehen, geht der HF noch dreißig Schritt in gerader Richtung weiter, dreht sich sofort zu seinem Hund um und bleibt still stehen. Auf Anweisung des Richters ruft der HF seinen Hund heran. Freudig und in schneller Gangart hat sich der Hund seinem HF zu nähern und sich dicht vor ihn zu setzen. Auf das Hörzeichen »Fuß« hat sich der Hund neben seinen HF zu setzen.
Bleibt der Hund stehen oder setzt er sich, kommt jedoch einwandfrei heran, so werden 5 Punkte abgezogen.

5. Bringen eines dem Hundeführer (HF) gehörenden Gegenstandes auf ebener Erde
(10 Punkte), Hörzeichen »Bring«

Der neben seinem HF frei sitzende Hund hat auf das einmalige Hörzeichen »Bring« in schneller Gangart auf den vorher etwa acht Schritt weit weggeworfenen Gegenstand zuzulaufen, diesen sofort aufzunehmen und seinem HF in schneller Gangart zu bringen. Der Hund hat sich dicht vor seinen HF zu setzen und den Gegenstand so lange im Fang zu behal-

ten, bis der HF ihm nach einer kurzen Pause den Gegenstand mit dem Hörzeichen »Aus« abnimmt.
Auf das Hörzeichen »Fuß« hat sich der Hund schnell neben den HF zu setzen. Neben einem dem HF gehörenden Gegenstand kann auch ein Bringholz verwendet werden. Der HF hat solange in Grundstellung zu bleiben, bis der Hund den Gegenstand abgegeben und sich links neben den HF gesetzt hat.
Bewertung:
Läßt der Hund den Gegenstand fallen, spielt oder knautscht er, so werden hierfür bis zu 4 Punkte abgezogen.
Bei Änderung der Grundstellung des HF sind bis zu 3 Punkte zu kürzen.
Bringt der Hund nicht, ist die Übung mit null Punkten zu bewerten.

6. Bringen eines dem Hundeführer (HF) gehörenden Gegenstandes im Freisprung über eine 1 Meter hohe und 1,50 Meter breite Busch-Hürde
(15 Punkte),
Hörzeichen »Hopp«, »Bring«

Der HF stellt sich in angemessener Entfernung vor die Hürde, während der Hund frei neben ihm sitzt. Neben einem dem HF gehörenden Gegenstand kann er auch ein Bringholz über die Hürde werfen. Auf das Hörzeichen »Hopp«, »Bring« hat der Hund im Freisprung, ohne auf die Hürde aufzusetzen, darüberzuspringen, den Gegenstand sofort aufzunehmen und sich nach dem Rücksprung dicht vor seinen HF zu setzen und den Gegenstand so lange im Fang zu behalten, bis der HF ihm nach einer kurzen Pause den Gegenstand mit dem Hörzeichen »Aus« abnimmt. Auf das Hörzeichen »Fuß« hat sich der Hund schnell neben seinen HF zu setzen.
Das Hörzeichen »Bring« muß gegeben werden, bevor der Hund beim Gegenstand ist.
Bewertung:
Für leichtes Streifen können bis 2 Punkte, für starkes Streifen und leichts Aufsetzen bis 3 Punkte, für starkes Aufsetzen, Fallenlassen des Gegenstandes, Spielen oder Knautschen bis 4 Punkte abgezogen werden.
Rücksprung verweigert, Gegenstand ohne Beanstandung gebracht = 8 Punkte.
Hinsprung nicht ausgeführt, Rücksprung ohne Beanstandung, Gegenstand gebracht = 8 Punkte.
Hin- und Rücksprung ausgeführt, Gegenstand nicht gebracht = 8 Punkte.
Hin- und Rücksprung nicht ausgeführt, Gegenstand gebracht = null Punkte.
Hinsprung ausgeführt, ohne Rücksprung, Gegenstand nicht gebracht = null Punkte.
Falls der vom HF fortgeworfene Gegenstand infolge ungeschickten Werfens oder durch starken Seitenwind weit seitlich fällt, steht es dem HF frei, nach vorheriger Befragung des Richters, den Gegenstand zurückzuholen, um ihn nochmals zu werfen. Das hat keinen Punktabzug zur Folge.
Wenn der Hund den Gegenstand fal-

len läßt, ist zu prüfen, ob er ihn aus Trägheit, Gleichgültigkeit oder wegen seines starken Temperaments fallen ließ. In Zweifelsfällen ist der Richter berechtigt, die Übung wiederholen zu lassen.
Werden beim Hürdensprung ohne Veränderung des Standortes des HF Hilfen gegeben, hat dies Punktabstrich zur Folge. Verläßt der HF den Standort, um den Hund durch Hilfen zum Sprung zu veranlassen, so sind für den Hin- oder Rücksprung Punkte abzuziehen. Klopfen an die Hürde, womit das Verlassen des Standortes verbunden ist, muß als eine so große Hilfe betrachtet werden, daß der Hin- und Rücksprung nicht gewertet werden kann.
Der HF hat solange in Grundstellung zu bleiben, bis sich der Hund nach dem Abgeben des Gegenstandes auf das Hörzeichen »Fuß« wieder links schnell neben seinen HF gesetzt hat. Alle Hunde haben das gleiche Hindernis zu überspringen, wenn mehrere vorhanden sind.

7. Voraussenden mit Hinlegen (10 Punkte), Hörzeichen »Voraus«, »Platz«, »Sitz«

Auf Anweisung des Richters geht der HF einige Schritt mit seinem frei folgenden Hund in der ihm angewiesenen Richtung geradeaus. Unter gleichzeitigem Erheben des Armes gibt er dem Hund das Hörzeichen »Voraus« und bleibt nach einigen Schritten stehen. Der Hund hat sich in schneller Gangart mindestens fünfundzwanzig Schritt in der angezeigten Richtung zu entfernen. Auf das Hörzeichen »Platz« hat sich der Hund sofort hinzulegen. Der HF darf den Arm so lange richtungweisend hochhalten, bis sich der Hund gelegt hat. Auf Anweisung des Richters holt der HF seinen Hund ab, indem er sich an dessen rechte Seite begibt und das Hörzeichen »Sitz« gibt.
Ausführungsbestimmungen:
Wiederholtes Erheben des Armes ist nicht gestattet. Der Hund hat sich in gerader Richtung zu entfernen, doch ist ein geringes Abweichen nicht fehlerhaft. Starkes seitliches Abweichen, zu kurze Entfernung, zögerndes und vorzeitiges Hinlegen, Aufstehen des Hundes beim Abholen durch den HF haben Punktabzug zur Folge.

8. Ablegen des Hundes unter Ablenkung (10 Punkte), Hörzeichen »Platz«, »Sitz«

Vor Beginn der Unterordnungsleistungen eines anderen Hundes legt der HF seinen Hund in etwa vierzig Schritt Entfernung ab, und zwar ohne die Führleine oder sonst irgendeinen Gegenstand bei ihm zu belassen. In Sicht des Hundes bleibend, geht der HF etwa vierzig Schritt weg, ohne sich umzusehen, und bleibt mit dem Rükken zum Hund gewendet ruhig stehen. Der Hund hat so lange ohne jegliche Einwirkung des HF liegenzubleiben, bis der andere vorzuführende Hund die Übungen 1 bis 6 erfüllt hat. Nach der Übung 6 wird der abgelegte

Hund abgeholt. Ablauf ist wie bei der Übung 7.
Ausführungsbestimmungen:
Der HF hat auf dem ihm vom Richter angewiesenen Platz innerhalb des Prüfungsgeländes mit dem Rücken zum Hund so lange ruhig zu stehen, bis er vom Richter aufgefordert wird, den Hund abzuholen.
Unruhiges Verhalten des HF sowie andere versteckte Hilfen und zu frühes Aufstehen des Hundes beim Abholen sind fehlerhaft.
Steht oder sitzt der Hund, bleibt aber am Ablegeplatz, erfolgt eine Teilbewertung.
Entfernt sich ein Hund vor Vollendung der Übung 3 des vorgeführten Hundes um mehr als 3 Meter vom Ablegeplatz, so ist die Übung mit 0 zu bewerten. Verläßt der Hund nach Übung 3 den Platz, erhält er eine Teilbewertung; kommt der Hund dem HF beim Abholen entgegen, erfolgt ein Abzug bis zu 3 Punkten.

Abteilung C
Schutzdienst

Höchstpunktzahl 100
Bewertung:

Stellen und Verbellen:	3/2 =	5 Punkte
Überfall:		35 Punkte
Verfolgen und Stellen (Mutprobe):		60 Punkte
		100 Punkte

Anmerkung:
Der Kampftrieb (einschließlich Mut und Härte des Hundes) ist in den Prädikaten »ausgeprägt«, »vorhanden« oder »nicht genügend« auszudrükken.
Der Helfer muß in einer Entfernung von vierzig Schritt so gestellt werden, daß dem Hund mindestens ein Seitenschlag nach rechts der links möglich ist. Während sich der Helfer in das angegebene Versteck begibt, müssen HF und Hund in Deckung sein. Auf Anweisung des Richters läßt der HF seinen Hund auf die Hörzeichen »Voran« oder »Revier« und »Hier« nach dem Helfer stöbern. Das Hörzeichen »Hier« kann mit dem Rufnamen des Hundes ergänzt werden. Sobald der Hund den Helfer erreicht hat, hat er ihn, ohne zu fassen, zu verbellen. Der HF bleibt in etwa fünfundzwanzig Schritt Entfernung stehen. Wenn der Hund anhaltend verbellt hat, – bei Nichtverbellen nach entsprechendem Zeitraum – holt der HF auf Anweisung des Richters seinen Hund ab.
Der Helfer wird nun in ein neues, wenigstens fünfzig Schritt vom Ausgangspunkt des HF entferntes Versteck eingewiesen. Auf Anweisung des Richters geht der HF mit seinem angeleinten Hund etwa fünfundzwanzig Schritt in Richtung des Versteckes, leint aus der Bewegung seinen Hund ab und legt den Rest der Strecke zum Versteck mit frei bei Fuß folgendem Hund zurück. Die Leine ist umzuhängen. Der HF wird von dem plötzlich aus seinem Versteck hervortretenden Helfer von vorn angegriffen. Ein Handgemenge zwischen HF und Helfer ist nicht gestattet. Der

Hund muß sofort den Helfer angreifen und fest fassen. Hierbei erhält der Hund von dem Helfer mit einem biegsamen Stock zwei Schläge. Es sind zugelassen Schläge auf Keulen, Seitenteile und den Bereich des Widerristes. Die Ermunterung durch das Hörzeichen »So ist brav« ist erlaubt. Auf Anweisung des Richters stellt der Helfer den Angriff ein. Der Hund hat auf das Hörzeichen »Aus« abzulassen. Nachdem der Überfall gezeigt wurde, hält der HF den Hund am Halsband fest. Der Helfer läuft in gerader Richtung unter drohenden Bewegungen fort. Nach einer Entfernung von etwa fünfzig Schritt schickt der HF den Hund nach und bleibt stehen. Der Richter fordert den Helfer zur Kehrtwendung auf, wenn der Hund nach etwa dreißig Schritt von ihm entfernt ist. Unter heftig drohenden Bewegungen und Vertreibungslauten läuft der Helfer dem Hund entgegen, ohne ihn zu schlagen. Hat der Hund gefaßt, muß der Helfer nach kurzem Bedrängen die Gegenwehr einstellen. Darauf hat der Hund auf das Hörzeichen »Aus« abzulassen. Hat er abgelassen, bleibt der HF etwa noch eine halbe Minute still stehen, ohne auf den Hund einzuwirken. Auf Anweisung des Richters hat sich der HF dem Hund und Helfer in schneller Gangart zu nähern und die Entwaffnung vorzunehmen. Es erfolgt ein Seitentransport mit angeleintem Hund zum amtierenden Richter. Der HF geht mit seinem angeleinten Hund vom Platz.
Hat der Hund gefaßt, läßt aber trotz Hörzeichen »Aus« nicht ab, begibt sich der HF auf Anweisung des Richters in schneller Gangart zum Hund und holt ihn ab.
Den Kampftrieb des Hundes muß der Richter während des gesamten Schutzdienstes beobachten, um eine zutreffende Bewertung abgeben zu können. Das Drängen des Hundes zum Helfer und hartes Zufassen sind äußere Zeichen vorhandenen Kampftriebes. Weicht der Hund den Schlägen aus, so darf er den Kampf nicht aufgeben, sondern hat sofort wieder selbständig und schneidig anzugreifen. Läuft der Hund nach der Mutprobe zum HF zurück, oder bleibt der Hund in der Nähe des Helfers, ohne den Helfer zu bannen, so kann er im Kampftrieb nicht das Prädikat »ausgeprägt« erhalten; dies ist nur für besonders kampffreudige Hunde.
Ausführungsbestimmungen:
Der Hund hat auf dem Wege zu dem in Deckung stehenden Helfer an der linken Seite des HF zu verbleiben. Vorprellen, Vorpreschen des Hundes und Einwirkung des HF ist fehlerhaft; es können hierfür bis zu 3 Punkte abgezogen werden. Der Helfer braucht nach der Gegenwehr nicht unbedingt still zu stehen, sondern hat den Hund immer im Auge zu behalten, ohne weiter eine drohende Haltung einzunehmen oder ausgesprochene Abwehrbewegungen zu machen. Er muß mit dem Schutzarm seinen Körper abdecken und ruhig stehenbleiben, wenn sich der Hund vor ihm abwartend verhält.

Nur der energisch angreifende und hart zufassende Hund, der nach Einstellung des Angriffs bzw. der Gegenwehr selbständig bzw. auf das einmalige Hörzeichen »Aus« abläßt, kann voll bewertet werden.
Das Hörzeichen »Aus« ist bei allen Kampfhandlungen einmal erlaubt.
Hunde, die nach dem Hörzeichen »Aus« nachbeißen oder sehr schlecht auslassen, können bei allen Kampfhandlungen bis zu 15 Punkte verlieren.
Hunde, die über den gesamten Schutzdienst nicht in der Hand des Führers stehen, sowie bei allen Kampfhandlungen nur durch tätige Einwirkung des Hundeführers (Berühren) ablassen und solche Hunde, die bei einer Kampfhandlung versagen und sich verdrängen lassen, können die Prüfung nicht bestehen. Nach Versagen des Hundes bei einer Kampfhandlung ist der Schutzdienst abzubrechen.
Bei Aufmerksamkeit des umkreisenden Hundes erfolgt keinerlei Punktabzug.
Anmerkung:
Zeigt ein Hund, auch wenn er die Unbefangenheitsprobe vor der Prüfung bestanden hat, im Laufe der Prüfung Wesensmängel, kann der Richter den Hund von der Prüfung ausschließen.

Schutzhundprüfung Stufe III (SchH III)

Abteilung A Leistungen in der Fährtenarbeit

Höchstpunktzahl 100,
Hörzeichen »Such«
Verlorensuche auf einer ungefähr 800 bis höchstens 1000 Schritt langen, mindestens 50 Minuten alten Fremdfährte mit drei Gegenständen.
Die Fremdfährte enthält vier rechte Winkel. Der Richter bestimmt unter Anpassung an das vorhandene Fährtengelände den Verlauf der Fährte.
Die Fährten müssen verschieden gelegt werden. Es darf nicht sein, daß z.B. bei jeder Fährte die einzelnen Winkel und Gegenstände in der gleichen Entfernung bzw. in gleichen Abständen liegen.
Die Abgangsstelle der Fährte muß gut gekennzeichnet sein durch ein Schild, welches links von der Abgangsstelle in den Boden gesteckt wird. Nachdem der Fährtenleger am Abgang der Fährte eine Zeit verweilt hat, geht er den vom Richter vorgeschriebenen Weg und legt den ersten Gegenstand nach etwa hundert Schritt, den zweiten Gegenstand in der Mitte des zweiten oder dritten Schenkels ab, ohne die Gangart zu unterbrechen. Der dritte Gegenstand wird am Schluß der Fährte abgelegt. Nach dem Ablegen des letzten Gegenstandes entfernt sich der Fährtenleger zunächst noch einige Schritt in gerader Richtung, um

dann abseits der Fährte zurückzukommen.
Der HF kann die Fährte von seinem Hund frei oder an der zehn Meter langen Fährtenleine ausarbeiten lassen. Beide Arten werden gleich bewertet.
Ausführungsbestimmungen:
Der Fährtenleger hat vor dem Legen der Fährte dem Richter die Gegenstände zu zeigen.
Es dürfen nur vom Fährtenleger gut verwitterte Gebrauchsgegenstände benutzt werden, welche die Größe einer Brieftasche nicht überschreiten und sich in der Farbe nicht wesentlich vom Gelände abheben. Sogenannte »Suchpäckchen« sind bei Prüfungen nicht zu verwenden, dagegen können Geldbörsen, Brillentaschen usw. Verwendung finden.
Während des Legens der Fährte müssen sich HF und Hund in Deckung aufhalten. Der Fährtengeruch soll beim Ablegen eines Gegenstandes möglichst nicht verändert werden, der Fährtenleger darf nicht scharren oder stehenbleiben.
Die Gegenstände sollen nicht neben, sondern auf die Fährte gelegt werden.
Der HF bereitet seinen Hund inzwischen zur Fährtenarbeit vor. Nach Aufruf meldet er sich mit seinem Hund beim Richter und gibt an, ob sein Hund die Gegenstände aufnimmt oder verweist. Beides zusammen, also Aufnehmen und Verweisen, ist fehlerhaft. Auf Anweisung des Richters wird der Hund langsam und ruhig zu der Abgangsstelle geführt und angesetzt. Vor der Fährtenarbeit, während des Ansetzens und der ganzen Fährtenarbeit ist jeglicher Zwang zu vermeiden. Beim Ansetzen ist dem Hund genügend Zeit zur Witterungsnahme zu geben. Es muß alles vermieden werden, was in dem Hund den Drang zum Vorwärtsstürmen erweckt.
Der Hund muß ruhig mit tiefer Nase Witterung nehmen. Sobald der Hund zu fährten beginnt, bleibt der HF stehen und läßt bei Leinensuche die zehn Meter lange Fährtenleine durch die Hand gleiten. Er folgt seinem Hund und hat den Abstand von zehn Metern, auch bei Freisuche, beizubehalten. Die Fährtenleine darf, wenn sie vom HF nicht aus der Hand gelassen wird, durchhängen. Sobald der Hund den Gegenstand gefunden hat, muß er diesen ohne Einwirkung des HF sofort aufnehmen oder überzeugend verweisen. Er kann beim Aufnehmen stehenbleiben, sich setzen oder auch zum HF kommen. Jegliches Vorgehen mit dem Gegenstand oder Aufnehmen im Liegen ist fehlerhaft. Das Verweisen kann sitzend, liegend oder stehend geschehen. Der HF läßt die Fährtenleine fallen und begibt sich sofort zu seinem Hund. Durch Hochheben des Gegenstandes zeigt der HF an, daß der Hund gefunden hat. Hierauf setzt der HF mit seinem Hund die Fährtenarbeit fort. Nach Beendigung der Fährte sind die gefundenen Gegenstände dem amtierenden Richter vorzuzeigen.
Es ist statthaft, daß der Hundeführer zum Hund, der den Gegenstand auf-

genommen hat, tritt; fehlerhaft ist das Weiterlaufen des Hundes mit dem Gegenstand.
Bewertung:
Fehlerhaftes Ansetzen, Faseln, häufiges Kreisen an den Winkeln, dauernde Aufmunterungen, unsauberes Aufnehmen oder Verweisen, Fallenlassen des Gegenstandes werden mit Punktabstrich bis zu 4 Punkten bestraft. Wiederholtes Ansetzen, starkes Faseln, Fährten mit vorwiegend hoher Nase, stürmisches Fährten, Entleeren, Mäusefangen und ähnliches bewirken Abstriche bis zu 8 Punkten.
Für den falsch aufgenommenen bzw. verwiesenen Gegenstand werden 4 Punkte, für jeden nichtgefundenen Gegenstand 7 Punkte abgezogen.
Beim Bringen oder Verweisen nicht vom Fährtenleger ausgelegter Gegenstände werden vier Punkte abgezogen.
Überschießen der Winkel ist kein Fehler, weil je nach der Windrichtung und Windstärke die Fährtenwitterung über den Winkel hinausgetragen wird.

Abteilung B Unterordnungsleistungen

Höchstpunktzahl 100
Jede Einzelübung beginnt und endet mit der Grundstellung.

1. Freifolgen
(10 Punkte), Hörzeichen »Fuß«

Der HF meldet sich beim LR mit freifolgendem Hund.
Die Führleine darf für den Hund nicht sichtbar sein. Von der Grundstellung aus hat der Hund dem HF auf das Hörzeichen »Fuß« freudig zu folgen. Zu Beginn der Übung hat der HF mit seinem Hund 40 bis 50 Schritte geradeaus zu gehen, ohne zu halten, eine Kehrtwendung zu machen und nach 10 bis 15 Schritten den Laufschritt und den langsamen Schritt zu zeigen, mindestens jeweils 10 Schritte. Der Hund hat stets mit dem Schulterblatt in Kniehöhe an der linken Seite des HF zu bleiben und darf nicht vor, nach oder seitlich laufen.
Im gewöhnlichen Schritt sind mindestens eine Rechts-, Links- und Kehrtwendung auszuführen. Die Kehrtwendung ist vom HF als Linkskehrtwendung zu zeigen.
Nur beim Angehen und beim Wechsel der Gangart ist dem Hundeführer das Hörzeichen »Fuß« gestattet. Bleibt der HF stehen, hat der Hund sich schnell ohne Einwirkung des HF zu setzen. Der Hundeführer darf hierbei seine Grundstellung nicht verändern und insbesondere nicht an den

evtl. abseits sitzenden Hund herantreten.
Auf Anweisung des LR geht der HF mit seinem Hund durch eine Gruppe von mindestens vier Personen. Der HF hat in der Gruppe mindestens einmal zu halten. Die Gruppe bewegt sich durcheinander.
Zurückbleiben, Vordrängen, seitliches Abweichen des Hundes sowie zögerndes Verharren des HF bei den Wendungen sind fehlerhaft.
Während der HF mit dem Hund die Übung »Freifolgen« ausführt (nicht aber beim Gehen durch die Gruppe), sind zwei Schüsse abzugeben. Der Hund hat sich schußgleichgültig zu verhalten.
Zeigt sich der Hund schußscheu, scheidet er sofort von der Prüfung aus, zeigt der Hund auf den Schuß Angriffslust, so ist dies bedingt fehlerhaft, sofern er noch in der Hand des HF steht. Volle Punktzahl kann nur der schußgleichgültige Hund erhalten.
Ausführungsbestimmungen:
Die Übung »Freifolgen« ist ausgiebig zu zeigen. Auf Schußgleichgültigkeit muß besonderer Wert gelegt werden. Die Abgabe von Schüssen erfolgt aus einer Entfernung von fünfzehn Schritt. Es werden zwei Schüsse im Abstand von etwa zehn Sekunden abgegeben. Läuft ein Hund auf den Schuß weg, ist er von der weiteren Prüfung unbedingt auszuschließen. Glaubt der Richter bei einem Hund Schußempfindlichkeit zu erkennen, steht es ihm frei, ihn durch Abgabe weiterer Schüsse zu erproben. Die Prüfung auf Schußgleichgültigkeit ist nur bei den Übungen »Freifolgen« und »Ablegen unter Ablenkungen« vorzunehmen.

2. Sitz aus der Bewegung
(5 Punkte), Hörzeichen »Sitz«

Von der Grundstellung aus geht der HF mit seinem frei bei Fuß folgenden Hund geradeaus. Nach mindestens zehn Schritt hat sich der Hund auf das Hörzeichen »Sitz« schnell hinzusetzen, ohne daß der HF seine Gangart unterbricht oder sich umsieht. Nach weiteren dreißig Schritt bleibt der HF kurz stehen und dreht sich sofort zu seinem Hund um. Auf Anweisung des Richters geht der HF zu seinem Hund zurück und nimmt an dessen rechter Seite Grundstellung ein.
Wenn der Hund, anstatt zu sitzen, sich legt oder stehen bleibt, werden hierfür bis zu 3 Punkte abgezogen.

3. Ablegen in Verbindung mit Herankommen
(10 Punkte), Hörzeichen »Platz«, »Hier«, »Fuß«

Von der Grundstellung aus geht der HF zehn Schritt geradeaus und geht dann in Laufschritt über. Nach weiteren mindestens zehn Schritt hat sich der Hund auf das Hörzeichen »Platz« schnell hinzulegen, ohne daß der HF seinen Lauf unterbricht. Der HF läuft nach dem Hörzeichen noch vierzig Schritt weiter, bleibt stehen und dreht sich sofort dem Hund zu. Nach einer Pause von ca. 15 Sekunden wird der

Hund auf Anweisung des Richters herangerufen. Der Hund muß freudig in schneller Gangart kommen und sich dicht vor seinen HF setzen. Auf das Hörzeichen »Fuß« hat sich der Hund schnell neben seinen HF zu setzen.
Sitzt der Hund nach dem Hörzeichen »Platz« oder bleibt er stehen, werden hierfür bis zu 5 Punkte abgezogen.

4. Stehenbleiben im Schritt
   (5 Punkte), Hörzeichen »Steh«, »Sitz«

Von der Grundstellung aus geht der HF mit seinem frei bei Fuß folgenden Hund geradeaus. Nach etwa zehn Schritt hat der Hund auf das Hörzeichen »Steh« sofort stehenzubleiben, ohne daß der HF die Gangart unterbricht oder sich umsieht. Nach weiteren 30 Schritt bleibt der HF stehen und dreht sich sofort dem Hund zu. Auf Anweisung des Richters wird der Hund abgeholt. Die Übung ist beendet, nachdem der HF sich neben seinen Hund gestellt, das Hörzeichen »Sitz« gegeben hat und der Hund sich setzt.

5. Stehenbleiben aus dem Laufschritt
   (10 Punkte), Hörzeichen »Steh« und »Hier«

Von der Grundstellung aus läuft der HF mit seinem frei bei Fuß folgenden Hund geradeaus. Nach mindestens zehn Schritt hat der Hund auf das Hörzeichen »Steh« sofort stehenzubleiben, ohne daß der HF die Gangart unterbricht oder sich umsieht. Nach weiteren 30 Schritt bleibt der HF stehen und dreht sich sofort dem Hund zu. Auf Anweisung des Richters ist der Hund heranzurufen. Der Hund hat in schneller Gangart heranzukommen und sich dicht vor seinen HF zu setzen. Auf das Hörzeichen »Fuß« hat er sich schnell neben seinen HF zu setzen.
Ausführungsbestimmungen:
Setzt oder legt sich der Hund nach dem Hörzeichen »Steh«, sind bis zu 5 Punkte abzuziehen. Nachziehen des Hundes, umsehen des HF, Langsamerwerden beim Herankommen des Hundes sind fehlerhaft. Die Bewertung mit halben Punkten ist hierbei möglich.

6. Bringen eines zwei Kilogramm schweren Bringholzes auf ebener Erde
   (10 Punkte), Hörzeichen »Bring«

Der frei neben seinem HF sitzende Hund hat auf das einmalige Hörzeichen in schneller Gangart auf das vorher etwa zehn Schritt weit weggeworfene Bringholz zuzulaufen, es sofort aufzunehmen und seinem HF in schneller Gangart zu bringen. Der Hund hat sich dicht vor seinen HF zu setzen und das Bringholz so lange im Fang zu behalten, bis der HF ihm nach einer kurzen Pause das Bringholz mit dem Hörzeichen »Aus«, abnimmt. Auf das Hörzeichen »Fuß« setzt sich der Hund schnell neben seinen HF.
Der HF hat so lange in Grundstellung zu verbleiben, bis dem Hund das

Bringholz abgenommen wurde und er neben seinem HF sitzt.

Bewertung:

Läßt der Hund das Bringholz fallen, spielt oder knautscht er, so werden hierfür bis zu 4 Punkte abgezogen.

Bei Änderung der Grundstellung, wie leichtes Zurückgehen o. a., sind bis zu 3 Punkte abzuziehen.

Bringt der Hund nicht, ist die Übung mit null Punkten zu bewerten.

7. Bringen eines 650 Gramm schweren Bringholzes im Freisprung über eine 1 Meter hohe und 1,50 Meter breite Busch-Hürde (15 Punkte), Hörzeichen »Hopp«, »Bring«

Der HF stellt sich in angemessener Entfernung vor die Hürde, während der Hund frei neben ihm sitzt. Dann wirft er ein 650 Gramm schweres Bringholz über die Hürde. Auf das Hörzeichen »Hopp«, »Bring« hat der Hund im Freisprung, ohne auf die Hürde aufzusetzen, darüberzuspringen, das Bringholz sofort aufzunehmen und sich nach dem Rücksprung dicht vor seinen HF zu setzen und das Bringholz so lange im Fang zu behalten, bis der HF ihm nach einer kurzen Pause das Bringholz mit dem Hörzeichen »Aus« abnimmt. Auf das Hörzeichen »Fuß« muß sich der Hund schnell neben seinen HF setzen.

Das Hörzeichen »Bring« muß gegeben werden, bevor der Hund beim Gegenstand ist.

Bewertung:

Für leichtes Streifen können 2 Punkte, für starkes Streifen und leichtes Aufsetzen bis 3 Punkte, für starkes Aufsetzen, Fallenlassen des Gegenstandes, Spielen oder Knautschen bis 4 Punkte abgezogen werden.

Sprung einwandfrei und Bringen ohne Fehler = 15 Punkte.

Hinsprung ausgeführt, Rücksprung verweigert, Gegenstand einwandfrei gebracht = 8 Punkte.

Hinsprung nicht ausgeführt, Rücksprung einwandfrei, Bringholz ohne Fehler gebracht = 8 Punkte.

Hin- und Rücksprung nicht ausgeführt, Bringholz gebracht = null Punkte.

Hin- und Rücksprung ausgeführt, Bringholz nicht gebracht = 8 Punkte.

Hinsprung ausgeführt, ohne Rücksprung, Gegenstand nicht gebracht = null Punkte.

Falls das vom HF fortgeworfene Bringholz infolge ungeschickten Werfens oder durch starken Seitenwind weit seitlich fällt, steht es dem HF frei, nach vorheriger Befragung des Richters, das Bringholz zurückzuholen, um es nochmals zu werfen. Das hat keinen Punktabzug zur Folge.

Wenn der Hund das Bringholz fallen läßt, so ist zu prüfen, ob er es aus Trägheit, Gleichgültigkeit oder wegen seines starken Temperaments fallen ließ. In Zweifelsfällen ist der Richter berechtigt, die Übung wiederholen zu lassen.

Werden beim Hürdensprung ohne Veränderung des Standortes des HF Hilfen gegeben, hat dies Punktabstrich zur Folge. Verläßt der HF den

Standort, um den Hund durch Hilfen zum Sprung zu veranlassen, so sind für den Hin- oder Rücksprung Punkte abzuziehen. Klopfen an die Hürde, womit das Verlassen des Standortes verbunden ist, muß als eine so große Hilfe betrachtet werden, daß der Hin- und Rücksprung nicht gewertet werden kann.

Der HF hat so lange in Grundstellung zu bleiben, bis sich der Hund nach dem Abgeben des Gegenstandes auf das Hörzeichen »Fuß« wieder links neben seinen HF gesetzt hat. Alle Hunde haben das gleiche Hindernis zu überspringen, wenn mehrere vorhanden sind.

8. Klettersprung über eine Schrägwand, Höhe 1,80 m, untere Breite 1,30 m, und Bringen eines dem Hundeführer (HF) gehörenden Gegenstandes
(15 Punkte), Hörzeichen »Hopp«, »Bring«

Der HF stellt sich in angemessener Entfernung vor die Kletterwand, während der Hund frei neben ihm sitzt. Neben einem dem HF gehörenden Gegenstand kann er auch ein Bringholz über die Wand werfen. Auf das Hörzeichen »Hopp«, »Bring« hat der Hund im Klettersprung darüber zu springen, den Gegenstand sofort aufzunehmen und sich nach dem Rücksprung dicht vor seinen HF zu setzen und den Gegenstand so lange im Fang zu behalten, bis der HF ihm nach einer kurzen Pause den Gegenstand mit dem Hörzeichen »Aus« abnimmt. Auf das Hörzeichen »Fuß« muß sich der Hund schnell neben seinen HF setzen.

Das Hörzeichen »Bring« muß gegeben werden, bevor der Hund beim Gegenstand ist.

Bewertung:

Fallenlassen des Gegenstandes, Spielen oder Knautschen ist fehlerhaft, hierfür werden bis 4 Punkte abgezogen.

Sprung einwandfrei und Bringen ohne Fehler = 15 Punkte.

Hinsprung ausgeführt, Rücksprung verweigert, Gegenstand fehlerfrei gebracht = 8 Punkte.

Hinsprung nicht ausgeführt, Rücksprung einwandfrei, Gegenstand ohne Fehler gebracht = 8 Punkte.

Hin- und Rücksprung ausgeführt, Gegenstand nicht gebracht = 8 Punkte.

Hin- und Rücksprung nicht ausgeführt, Gegenstand gebracht = null Punkte.

Hinsprung ausgeführt, ohne Rücksprung, Gegenstand nicht gebracht = null Punkte.

Falls der vom HF fortgeworfene Gegenstand infolge ungeschickten Werfens oder durch starken Seitenwind weit seitlich fällt, steht es dem HF frei, nach vorheriger Befragung des Richters, den Gegenstand zurückzuholen, um ihn nochmals zu werfen. Das hat keinen Punktabzug zur Folge.

Wenn der Hund den Gegenstand fallen läßt, so ist zu prüfen, ob er ihn aus Trägheit, Gleichgültigkeit oder wegen seines starken Temperaments fallen ließ. In Zweifelsfällen ist der Richter berechtigt, die Übung wiederholen zu lassen. Werden beim Klettersprung ohne Veränderung des Standortes des HF Hilfen gegeben, hat dies Punktabstrich zur Folge. Verläßt der HF den Standort, um den Hund durch Hilfen zum Sprung zu veranlassen, so sind für den Hin- oder Rücksprung Punkte abzuziehen. Klopfen an die Kletterwand, womit das Verlassen des Standortes verbunden ist, muß als eine so große Hilfe betrachtet werden, daß der Hin- und Rücksprung nicht gewertet werden kann. Der HF hat so lange in Grundstellung zu bleiben, bis sich der Hund nach dem Abgeben des Gegenstandes auf das Hörzeichen »Fuß« wieder links neben seinen HF gesetzt hat. Alle Hunde haben das gleiche Hindernis zu überspringen, wenn mehrere vorhanden sind.

9. Voraussenden mit Hinlegen
(10 Punkte), Hörzeichen
»Voraus«, »Platz«, »Sitz«

Auf Anweisung des Richters geht der HF einige Schritt mit seinem frei folgenden Hund in der ihm angewiesenen Richtung geradeaus. Unter gleichzeitigem Erheben des Armes gibt er dem Hund das Hörzeichen »Voraus« und bleibt nach einigen Schritten stehen. Hierauf hat sich der Hund in schneller Gangart mindestens vierzig Schritt in der angezeigten Richtung zu entfernen.

Auf das Hörzeichen »Platz« hat sich der Hund sofort hinzulegen. Der HF darf den Arm so lange richtungsweisend hochhalten, bis sich der Hund gelegt hat.

Auf Anweisung des Richters holt der HF seinen Hund ab, indem er sich an dessen rechte Seite begibt und das Hörzeichen »Sitz« gibt.

Ausführungsbestimmungen:

Wiederholtes Erheben des Armes ist nicht gestattet. Der Hund hat sich in gerader Richtung zu entfernen, doch ist ein geringes Abweichen nicht fehlerhaft. Starkes seitliches Abweichen, zu kurze Entfernung, zögerndes und vorzeitiges Hinlegen haben Punktabzug zur Folge. Vorzeitiges Aufstehen des Hundes beim Abholen ist fehlerhaft.

10. Ablegen des Hundes unter
Ablenkung
(10 Punkte), Hörzeichen »Platz«,
»Sitz«

Vor Beginn der Unterordnungsleistungen eines anderen Hundes legt der HF seinen Hund in ungefähr vierzig Schritt Entfernung ab, und zwar ohne die Führleine oder irgendeinen Gegenstand bei ihm zu lassen. Nun geht der HF, ohne sich umzusehen, innerhalb des Prüfungsgeländes wenigstens vierzig Schritt vom Hund entfernt außer Sicht des Hundes. Auf Anweisung des Richters holt der HF seinen Hund ab, indem er sich an dessen rechte Seite begibt und das Hörzeichen »Sitz« gibt.

Ausführungsbestimmungen:

Der HF hat sich außer Sicht des Hundes so lange ruhig zu verhalten, bis er vom Richter aufgefordert wird, den

Hund abzuholen. Unruhiges Verhalten des HF sowie andere versteckte Hilfen und zu frühes Aufstehen des Hundes beim Abholen sind fehlerhaft. Steht oder sitzt der Hund, bleibt aber am Ablegeplatz, erfolgt eine Teilbewertung.
Entfernt sich ein Hund vor Vollendung der Übung 5 des vorgeführten Hundes um mehr als 3 Meter vom Ablegeplatz, so ist die Übung mit 0 zu bewerten. Verläßt der Hund nach Übung 5 den Platz, erhält er eine Teilbewertung; kommt der Hund dem HF beim Abholen entgegen, erfolgt ein Abzug bis zu 3 Punkten.

Abteilung C Schutzdienst

Höchstpunktzahl 100

1. Streifen nach dem Helfer
   (5 Punkte), Hörzeichen »Voran« oder »Revier« und »Hier«

HF und Hund befinden sich in Dekkung, während sich der Helfer in das angewiesene Versteck begibt. Der Helfer muß so gestellt werden, daß dem Hund fünf bis sechs Seitenschläge möglich sind. Dem HF wird auf dem Platz eine gedachte Mittellinie zugewiesen, die er während der Streife seines Hundes nach dem Helfer nicht verlassen darf. Auf das Hörzeichen »Voran« oder »Revier« und Erheben des Armes soll sich der Hund schnell vom HF lösen und in tiefen Seitenschlägen das Gelände abstreifen. Hat der Hund einen Seitenschlag ausgeführt, kann ihn der HF mit dem Hörzeichen »Hier« zu sich heranrufen und mit dem erneuten Hörzeichen »Voran« oder »Revier« in eine andere Richtung einweisen. Das Hörzeichen »Hier« kann mit dem Rufnamen des Hundes verbunden werden. Gelegentliches Rückwärtsstreifen ist nicht fehlerhaft.

2. Stellen und Verbellen
   (5 und 5 = 10 Punkte)

Sobald der Hund den Helfer erreicht hat, bleibt der HF stehen. Der Hund hat den Helfer anhaltend zu verbellen.
Auf Anweisung des Richters geht der HF bis auf vier Schritt an das Versteck heran, und ruft auf erneute Anweisung den Hund vom Helfer ab und zu sich heran. Er fordert den Helfer auf, aus dem Versteck herauszukommen und legt jetzt seinen Hund in etwa drei bis vier Schritt vom Helfer entfernt ab. Dann durchsucht der HF den Helfer und im Anschluß daran das Versteck auf fortgeworfene Gegenstände.
Bewertung:
Für anhaltendes Verbellen werden 5 Punkte vergeben. Wenn der Hund nur schwach verbellt, werden 2 Punkte, für Nichtverbellen 5 Punkte abgezogen. Bleibt der nicht verbellende Hund hart am Täter, ohne diesen zu fassen, erhält er von den 10 Punkten 5. Bei leichtem Anstoßen des Täters müssen bis 2, bei starkem Fassen bis zu 4 Punkte abgezogen werden.

3. Flucht und Abwehr
(Flucht 10, Abwehr 25 Punkte)

Auf Anweisung des Richters unternimmt der Helfer einen Fluchtversuch, um in schnellem Lauf zu entkommen. Der Hund hat nun durch festes Zufassen diese Flucht zu verhindern und den Helfer auf den Platz zu bannen. Der Helfer stellt die Gegenwehr ein, d. h. er bleibt ruhig stehen, worauf der Hund ablassen muß. Der Helfer unternimmt dann auf Anweisung des Richters einen Angriff auf den Hund, wobei er einen mitgeführten Schlaggegenstand (biegsamen Stock) als Angriff benutzt, ohne den Hund zunächst zu treffen. Der Hund muß sofort zum Angriff übergehen. Der Hund hat durch Zufassen zu versuchen, den Helfer an der weiteren Gegenwehr zu hindern. Hat der Hund fest zugefaßt, sind ihm zwei Schläge zu verabfolgen. Es sind zugelassen Schläge auf Keulen, Seitenteile und den Bereich des Widerristes. Erst auf Anweisung des Richters tritt der HF an Hund und Helfer heran. Der Schlaggegenstand wird dem Helfer nicht abgenommen, ist aber vom Helfer so zu tragen, daß der Hund ihn bis zur Übung 5 nicht sehen kann.

Ausführungsbestimmungen:

Der Helfer hat den Mantel, die Jacke oder den Ärmel als Schutz zu benutzen. Sobald der Hund bei der Abwehr zugefaßt hat, muß er ihm unbedingt zwei feste Hiebe mit einem biegsamen Stock versetzen. Der Hund darf hierbei nicht zurückweichen.

4. Transport
(5 Punkte)

Anschließend folgt ein Rücktransport des Helfers, etwa fünfzig Schritt. Der HF fordert den Helfer auf voranzugehen und ruft seinen Hund bei Fuß. Der HF folgt mit seinem Hund in einem Abstand von fünf Schritt.

5. Überfall, Einholen und Mutprobe
(10 + 10 + 25 = 45 Punkte)

a) Nach dem Transport erfolgt ein Überfall des Helfers auf den HF. Diesen Überfall hat der Hund durch festes Zufassen zu vereiteln. Der Helfer ist zu entwaffnen. Es folgt ein Seitentransport zum Richter. Der HF verläßt mit dem frei folgenden Hund den Platz und geht in Deckung.

b) In einer Entfernung von hundert Schritt wird der Helfer vom Richter in ein Versteck eingewiesen. Der HF wird mit seinem Hund auf einen Platz gewiesen, von dem aus der Hund das Einholen eines Fliehenden ausführen muß. Auf Anweisung des Richters verläßt der Helfer das Versteck und versucht nach Anruf zu fliehen. Der Helfer läßt den Anruf unbeachtet. Der HF gibt das Hörzeichen zur Verfolgung.

Der Hund hat auf dem kürzesten Weg den Helfer einzuholen. Sobald der Hund bis auf vierzig Schritt herangekommen ist, dreht sich der Helfer um, läuft dem Hund entgegen und versucht, ihn unter heftig drohenden Bewegungen und Vertreibungslauten einzuschüchtern. Ohne sich beeinflussen zu lassen, hat der Hund den auf ihn Eindringenden durch festes Zufassen festzuhalten. Der HF darf bis zu vierzig Schritt nachgehen. Der Helfer stellt die Fluchtbewegung ein, d. h. er bleibt ruhig stehen, worauf der Hund ablassen muß.

c) Der Helfer unternimmt auf Anweisung des Richters noch einmal einen Angriff auf den Hund, wobei er den in seinem Besitz befindlichen Schlaggegenstand als Abwehr benutzt. Hat der Hund fest zugefaßt, sind ihm zwei Schläge auf nichtempfindliche Körperteile zu verabfolgen. Danach stellt der Helfer den Kampf ein, worauf der Hund ablassen muß. Der HF bleibt noch etwa eine halbe Minute still stehen, ohne auf den Hund einzuwirken. Auf Anweisung des Richters holt der HF den Hund ab und nimmt die Entwaffnung des Helfers vor.

Hat der Hund gefaßt, läßt aber trotz Hörzeichen nicht ab, geht der HF in schneller Gangart zum Hund. Es folgt ein Seitentransport zum amtierenden Richter, der sich in etwa vierzig bis fünfzig Schritt Entfernung aufhält.

Der HF geht mit seinem frei bei Fuß folgenden Hund vom Platz.

Kampftrieb einschließlich Mut und Härte

Der Kampftrieb ist in den Prädikaten »a« (ausgeprägt), »vh« (vorhanden) oder »ng« (nicht genügend) auszudrücken. Den Kampftrieb des Hundes muß der Richter während des gesamten Schutzdienstes beobachten, um eine zutreffende Bewertung abgeben zu können. Das Drängen des Hundes zum Helfer und hartes Zufassen sind äußere Zeichen vorhandenen Kampftriebes. Weicht der Hund den Schlägen aus, so darf er den Kampf nicht aufgeben, sondern hat sofort wieder selbständig und schneidig anzugreifen. Läuft der Hund nach der Mutprobe zum HF zurück, oder bleibt der Hund in der Nähe des Helfers, ohne den Helfer zu bannen, so kann er im Kampftrieb nicht das Prädikat »ausgeprägt« erhalten. Dieses Prädikat dürfen nur besonders kampffreudige Hunde bekommen.

Ausführungsbestimmungen zum gesamten Schutzdienst:

Der Helfer braucht nach der Gegenwehr nicht unbedingt stillzustehen, wenn das erforderlich ist, um den Hund im Auge behalten zu können. Er darf aber keine drohende Haltung einnehmen, auch keine Abwehrbewegungen machen. Er muß mit dem Schutzarm seinen Körper abdecken und darf erst dann ganz ruhig stehenbleiben, wenn sich der Hund vor ihm abwartend verhält.

Das Hörzeichen »Aus« ist bei allen Kampfhandlungen einmal erlaubt.

Hunde, die über den gesamten Schutzdienst nicht in der Hand des Führers stehen, sowie bei allen Kampfhandlungen nur durch tätige Einwirkung des Hundeführers (Berühren) ablassen und solche Hunde, die bei einer Kampfhandlung versagen und sich verdrängen lassen, können die Prüfung nicht bestehen.

Bei Aufmerksamkeit des umkreisenden Hundes erfolgt keinerlei Punktabzug.
Nach Versagen des Hundes bei einer Kampfhandlung ist der Schutzdienst abzubrechen; auch die Flucht zählt zu den Kampfhandlungen.

Anmerkung:
Zeigt ein Hund, auch wenn er die Unbefangenheitsprobe vor der Prüfung bestanden hat, im Laufe der Prüfung Wesensmängel, kann der Richter den Hund von der Prüfung ausschließen.

Die Zuchtschauen

In den Wintermonaten finden keine hundesportlichen Veranstaltungen statt. Die Saison beginnt im März und endet mit den ersten Dezembertagen. Das gilt auch für die Ausstellungen.

Vom SV werden zahlreiche Ortsgruppensonderschauen durchgeführt. Jede Landesgruppe verantstaltet jährlich eine Ausstellung. Hier können sich die Teilnehmer für den Höhepunkt auf diesem Sektor, der im Herbst stattfindenden Siegerhauptzuchtschau, qualifizieren.

An einer Schau können nur Hunde mit Erfolg teilnehmen, die keine Gebäudefehler, z. B. nur einen Hoden oder grobe Zahnfehler haben, deren äußeres Erscheinungsbild dem Rassestandard entspricht und die wesensfest und schußgleichgültig sind.

Es gibt Schäferhundfreunde, die einen entsprechend qualifizierten Hund besitzen und das Schauwesen zum wesentlichen Bestandteil ihrer hundesportlichen Aktivitäten machen.

Im Gegensatz zu Leistungsveranstaltungen werden auf Ausstellungen Rüden und Hündinnen getrennt vorgeführt. Es gibt eine festgeschriebene Einteilung nach Klassen, und zwar:

Jugendklasse
(Alter 12–18 Monate),
Junghundklasse
(Alter 18–24 Monate),
Gebrauchshundklasse
(ab 24 Monate, Ausbildungskennzeichen Bedingung),
Altersklasse
(ab 24 Monate, ohne AK).

Ausstellungen haben sich zu einer beliebten Sportart entwickelt. Die Sieger erhalten oft wertvolle Pokale, und auch die übrigen Plazierten werden mit Ehrenpreisen bedacht.

Aber der Erfolg kommt nicht von allein. Ein regelmäßiges intensives Training, möglichst von Jugend an, ist erforderlich, um das Trabergebäude des Deutschen Schäferhundes optimal zur Geltung kommen zu lassen.

Register